성서의 형성

성서는 어떻게 성서가 되었는가?

존 바턴 지음 · 강성윤 옮김

Making the Christian Bible

성서의 형성
성서는 어떻게 성서가 되었는가?

존 바턴 지음 · 강성윤 옮김

비아

차례

일러두기

· * 표시는 독자의 이해를 돕기 위해 옮긴이와 편집자가 단 주석입니다.

· 성서 표기와 인용은 원칙적으로 『공동번역개정판』(1999)을 따르되 원문과 지나치게 차이가 날 경우에는 대한성서공회판 『새번역』(2001)을 따랐으며 한국어 성서가 모두 원문과 차이가 날 경우에는 옮긴이가 임의로 옮겼음을 밝힙니다.

· 단행본 서적의 경우 『 』표기를, 논문이나 글의 경우 「 」, 음악 작품이나 미술 작품의 경우 《 》표기를 사용했습니다.

· 교부 시대의 인명과 지명은 한국교부학연구회, 『교부학 인명·지명 용례집』(분도출판사, 2008)을 따랐으며, 교부들의 저서명은 한국교부학연구회, 『교부 문헌 용례집』(수원가톨릭대학교출판부, 2014)을 따랐습니다.

들어가며

    지난 15년 동안 성서 정경의 역사는 저의 주된 관심사였습니다. 이와 관련해 저는 두 권의 학술서(『하느님의 신탁 - 바빌론 유수 이후 고대 예언에 대한 이스라엘의 인식』Oracles of God: Perceptions of Ancient Prophecy in Israel after the Exile, 『성령과 문자 - 성서 정경 연구』The Spirit and the Letter: Studies in the Biblical Canon)를 썼습니다. 이 연구 결과들을 조금 덜 딱딱한 방식으로 선보일 수 있게 되어 기쁩니다. 성서 정경 문제를 이루는 복잡한 질문들을 상세하게 논의하는 것은 이 책의 성격에 어긋날 것입니다. 하지만 제가 이야기하는 내용의 많은 부분은 적지 않은 논쟁의 여지가 있으며 '정경'canon이라는 말을 쓰는 방식 자체도 그렇습니다. 이 책에서 구체적인 논증 없이 제시한 이야기의 근거는 위에서 언급한 두 권의 책에서 찾을 수 있습니다. 이 책에는 두 개의 부록이 있습니다. 하나는 용어 해설이고, 다른 하나는 그리스도교 성서의 기원과 관련된 초기 저자들의 간략한 전기입니다. 성서는 개정표준판Revised Standard Version을 따랐습니다.

맨 처음 이 책을 기획한 편집자 레슬리 리들Lesley Riddle과 DLT의 현재 편집자인 데이비드 몰로니David Moloney에게 감사를 표합니다. 리들은 이 책을 기획했고 몰로니는 책이 완결될 때까지 수년 동안 저를 도왔습니다. 저 같은 저자와 일하는 편집자에게는 적잖은 인내심이 필요하지요. 깊은 사랑을 담아, 이 책을 아버지 버나드 바턴Bernard Barton에게 바칩니다.

1997년 4월

존 바턴

서론

1563년 잉글랜드 성공회는 오늘날에도 널리 받아들이는 생각을 39개 신조 중 제6조로 표명했습니다.

우리는 성경Holy Scripture이라는 이름을 가진 구약과 신약 정경들의 권위를 교회에서 결코 의심한 적이 없다고 이해한다.

사람들은 '성서'Bible라고 알고 있는 책이 그리스도교 교회가 태동했을 때부터 정확히 지금 형태로 존재했으며 결코 변하지도, 의문시되지도 않았다고 생각합니다. 서구 문화에서 성서는 단일한 덩어리이지요. 성서를 진지하게 읽는 사람은 별로 없지만, 이 책이 어떤 모양새를 하고 있는지는 모두가 압니다. 성서라고 하면 모든 사람이 본문이 두 단으로 이루어진 한 권의 책을 떠올리지요. 그리고 성서를 이루는 책들은 어느 곳이든 같다고 생각합니다. 각 책의 이름을 모두 아는 이는 드뭅니다. 그리고 판본마다 구성이 다를 수도 있다고 이야기해 주면 대다수는 깜짝 놀랄 것입니다. 성서는 성서이고, 우리가 좋든 싫든 언제나 똑같은 모습으로 있었으며 언제까지나 그러할 것이라고 여기기 때문이지요.

'성경'이라는 관념에는 이 경전이 완전하고, 고정되어 있으며, 안정적이라는 생각이 들어있는 듯합니다. 많은 사람은 성서를 하느님이 주셨다고 생각하고 바로 여기서 성서의 권위가 생깁니다. 이는 결코 타협할 수 없으며 의문을 제기할 수도 없습니다. 그리스도교인들에게 분명 이로운 일이지요. 자신들의 신앙이 모래 같은 인간의 가르침이 아니라 반석 같은 하느님의 계시 위에 놓여 있다고 여길 수 있기 때문입니다. 하지만 그 결과 성서는 2차원적으로 변할 수 있으며 평범한 책이 지니는 깊이와 다양성을 잃어버릴 수 있습니다. 여러 책을 묶은 선집을 보면 우리는 보통 각 책이 언제 어떤 이유로 저술되었는지, 어떻게 선집으로 모이게 되었는지, 어떤 목적으로 그렇게 되었는지 알고 싶어 합니다. 하지만, 성서에 대해서는 그러한 질문을 던지지 않는 경향이 있지요. 그 결과 성서에 대한 우리의 이해는 궁핍해집니다. 역설적인 일이지만, 성서의 거룩함과 권위는 우리가 다른 책들을 접했을 때 던지는 질문을 성서를 향해서는 던지지 않게 하는 효과를 일으킵니다. 그 결과 많은 사람은 종교적이면서 한결 권위 없는 많은 책보다 성서가 흥미롭지 못하다고 생각하게 됩니다(불완전한 비유지만 셰익스피어William Shakespeare의 작품이 영문학의 정점에 있다는 평가 때문에 오히려 많은 사람이 그의 작품을 즐기지 못하는 상황에 빗댈 수 있겠습니다. 적잖은 사람이 그의 작품들은 '고전'이므로 즐겨 읽기보다는 중요한 작품들을 모아 둔 구역에 따로 두어야 한다고 여기지요).

이 책에서는 성서의 기원에 관해 간단한 물음을 제기함으로써 성서가 단일하다는 관념을 부수려 합니다. 이 물음은 두 범주로 나뉘는데, 각각은 조금씩 겹치지만, 따로따로 생각해 볼 수 있습니다. 첫째, 성서를 이루는 다양한 책들은 언제, 어떻게 저술되었을까요? 둘째, 이 책들은 어떻게 한데 모여 구약과 신약이라는 '경전'을 형성했을까요? 20세기 학자들은 이 중 두 번째 물음보다는 첫 번째 물음에 관심을 집중했지만, 우리가 어떻게 성서라는 문헌을 가지게 되었는지,

성서가 어떠한 문헌인지 이해하기 위해서는 두 물음 모두 필요합니다.

단순한 물음에 대한 단순한 답변도 있을 수 있지만, 어떤 물음과 그에 대한 답변은 한결 복잡하며 후자가 만족감이 훨씬 더 큽니다. 더 흥미롭기 때문이지요. 성서에 관해서라면, 이 답변은 복잡하고 종종 불확실하며 언제나 추측에 기반한 것이기에 매우 흥미롭습니다. 물론 어떤 이들은 이에 불만족스러워할 것입니다. 그러나 성서는 방대하고 복잡한 저작이면서 여러 시대 및 지역에서 나온 문헌들의 선집인 탓에 성서의 기원과 형성에 관한 이야기는 본질적으로 간단하고 쉬운 것일 수가 없습니다. 그렇다 해도 끝없이 막다른 길에 몰리지 않으려면 이야기를 선별적으로 할 수밖에 없겠지요. 전통적으로 '개론'이라 불리는 부류의 책에서는 성서의 모든 책을 체계적으로 서술하고 분석하지만, 여기서는 그렇게 하지 않을 것입니다. 이 책에서는 가장 중요한 몇 가지 물음을 살피는 가운데 몇몇 책에서 뽑은 사례를 살펴보려 합니다. 이 책의 목표는 세밀한 부분을 일일이 채우기보다는 넓은 붓으로 큰 그림을 그려보는 데 있기 때문입니다.

성서의 내용

이 책은 성서를 이루는 다양한 책이 어떻게 쓰였고 마침내 그리스도교 교회의 경전이 되었는지를 서술합니다. 대부분의 이야기는 독자가 성서 내용에 대해 어느 정도 일반적인 지식을 갖고 있다고 전제하고 있습니다. 즉, 어떤 책이 성서 어디에 있고 대략 무슨 내용인지는 알지만, 언제 어떻게 쓰였는지는 모른다고 가정하는 것이지요. 이 장에서는 간략하게 성서 각 책의 내용을 살펴보려 합니다. 이에 대해 알고 있는 독자는 이 장을 건너뛰어도 좋지만, 그렇지 않은 이들은 이 책의 나머지 부분을 충분히 이해하기 위해서 알아야 할 내용을 이 장에서 얻기를 바랍니다.

구약

나중에 좀 더 설명하겠지만, 오늘날 통용되는 구약성서에는 두 가지 판본이 있습니다. 하나는 로마 가톨릭에서 쓰는 구약이고 다른 하나는 개신교에서 쓰는 구약입니다(유대교 성서는 개신교에서 쓰는 판본과 내용은 같지만 순서가 다릅니다). 여기서는 가톨릭판 순서를 따르고 개신교판에 없는 책은 그 사실을 밝혀 두겠습니다.

창세기 Genesis

세계의 창조로부터 아브라함, 이사악(이삭), 야곱, 요셉 등 '족장들'Patriarchs의 행적에 이르기까지 인류의 역사를 기술합니다.

출애굽기/탈출기 Exodus

모세가 이집트에 살던 이스라엘 민족을 이끌고 탈출한 뒤, 시나이산(시내산)에서 (십계명을 포함한) 율법을 받고, 약속된 땅으로 가는 동안 운반할 성막을 만들기까지의 과정을 다룹니다.

레위기Leviticus

시나이산에서 받은 율법의 세부 항목을 다룹니다.

민수기Numbers

추가된 율법을 담고 있습니다. 시나이를 떠나 약속된 땅의 경계로 가는 이스라엘 민족의 이야기를 다룹니다. 발락과 마술사 발람의 이야기도 등장합니다.

신명기Deuteronomy

모세가 마지막으로 약속된 땅에서 지켜야 할 추가적인 율법을 이스라엘 민족에게 일러 줍니다. 그리고 모세는 죽음을 맞이하지요.

위의 다섯 권은 오경Pentateuch, 또는 모세 오경Five Books of Moses 이라 불리곤 합니다.

여호수아Joshua

모세의 후계자 여호수아가 팔레스타인 땅의 일부를 정복하는 이야기입니다.

판관기(사사기)Judges

이스라엘 민족이 약속된 땅에 정착하는 과정을 다룹니다. 드보라, 기드온, 삼손 등 반半왕, 반半군사 지도자인 '판관(사사)'이 지위를 계승하며 이스라엘을 통치합니다.

룻기Ruth

판관들의 시대에 이스라엘에 정착하여 부유한 이스라엘 농부와 혼인한 모압 여인 룻에 관한 이야기입니다.

사무엘상1 Samuel

사무엘의 지도하에 판관들의 통치에서 왕정으로 이행하는 과정을 다룹니다. 이스라엘의 첫 번째 왕 사울의 이야기가 등장합니다.

사무엘하2 Samuel

다윗이 블레셋인과의 전투에서 사망한 사울을 계승합니다. 다윗의 다른 자녀들이 살인, 강간, 근친상간에 휘말리고 솔로몬이 다윗을 계승하기까지 과정을 상세히 전합니다.

열왕기상 1 Kings

솔로몬 치세에 관한 설명이 주를 이룹니다. 솔로몬 사망 후 이스라엘은 남북(남유다와 북이스라엘)으로 분열되지요. 분열된 왕국의 초창기 왕들이 소개되고 예언자 엘리야의 행적이 묘사됩니다.

열왕기하 2 Kings

예언자 엘리사의 행적을 전합니다. 이스라엘과 유다의 후대 왕들을 언급하고 요시야의 국가 종교 개혁을 다룹니다. 아시리아가, 그리고 뒤이어 바빌론이 유다를 침공하고 유다인들은 바빌론 유수Exile를 겪게 됩니다.

역대기상 1 Chronicles

계보 목록('족보')에서 드러나는, 다윗에 이르기까지 세계의 역사를 담고 있습니다.

역대기하 2 Chronicles

솔로몬부터 바빌론 유수에 이르는 역사를 기술합니다. 열왕기하의 이야기를 따르지만, 세부 사항에서 많은 차이가 납니다. 유다가 페르시아에 의해 회복됨으로써 포로기가 끝나는 이야기를 포함합니다.

에즈라(에스라)Ezra

페르시아 왕이 제사장 에즈라를 포함한 여러 추방된 유다
인들을 유다로 되돌려 보내어 성전을 재건하고 종교를 복
구하도록 한 이야기입니다.

느헤미야Nehemiah

(종종 1인칭으로 서술되는) 느헤미야의 행적을 담고 있습니
다. 느헤미야는 에즈라와 거의 동시대에 유다 지방의 페
르시아 총독으로 임명된 유대인이지요.

토비트Tobit

개신교 성서에는 없는 책입니다. 왕들과 악마들의 방해에
도 불구하고 천사의 도움을 받아 같은 가문에 속한 두 가
족 간에 혼약을 맺는 데 성공하는 경건한 유대인들의 이
야기입니다.

유딧Judith

개신교 성서에는 없는 책입니다. 아시리아 군대의 지휘관

을 속이고 그의 목을 베어 이스라엘의 패배를 막은 유대
인 여자 영웅을 다룹니다.

에스델(에스더) Esther

페르시아 왕의 하렘에 끌려가 동료 유대인들을 학살의 위
협으로부터 구한 유대인 에스델의 이야기입니다(가톨릭판
은 곳곳에 내용이 보태져 개신교판보다 꽤 길지요).

여호수아부터 에스델(또는 창세기부터 에스델)에 이르는 책은
역사서라고 부르기도 합니다.

욥기Job

혹독한 고난을 겪고, 세 친구와 대화하면서 자신의 고난
을 이해하려 애쓰며, 결국 풍족함을 회복하는 올바른 남
자의 이야기입니다.

시편Psalms

150개의 찬가와 기도와 노래를 담고 있습니다. 다윗이 지
었다고 알려져 있지요.

잠언Proverbs

윤리적이고 실천적인 행위를 가르치기 위한 금언과 짧은 문장들을 모아둔 책입니다. 솔로몬이 지었다고 알려져 있습니다.

전도서Ecclesiastes

삶의 의미(혹은 무의미)를 회의적으로 성찰합니다. 솔로몬이 지었다고 알려져 있습니다.

아가The Song of Songs(**솔로몬의 노래**The Song of Solomon)

연애시를 모은 책입니다.

지혜서Wisdom(**솔로몬의 지혜**The Wisdom of Solomon)

개신교 성서에는 없는 책입니다. 인간의 행위와 성스러운 지혜에 관해 추가적인 가르침을 주며, 솔로몬이 지었다고 알려져 있지요.

집회서Ecclesiasticus(**시라의 아들 예수의 지혜**The Wisdom of Jesus son of Sira)

개신교 성서에는 없는 책입니다. 잠언과 한층 더 포괄적인 가르침을 담고 있습니다. 예수스 벤 시라Jesus ben Sira('시라의 아들 예수')는 기원전 2세기에 살았습니다.

욥기부터 집회서에 이르는 책은 교훈 문학 또는 지혜 문학으로 불리기도 합니다.

이사야 Isaiah

기원전 8세기에 살았던 이사야의 긴 예언입니다. 40~55장은 '고난받는 종'을 비롯한 그리스도교 여러 심상의 원천이며, 헨델George Frideric Handel의 오라토리오 《메시아》 Messiah의 가사가 많은 부분 이 책에서 나왔지요.

예레미야 Jeremiah

예언서 중 가장 분량이 많으며, 기원전 7세기 말부터 기원전 6세기 포로기까지 살았던 예레미야의 예언을 주로 다룹니다.

애가 Lamentations

예루살렘이 바빌론에 함락된 일을 노래한 다섯 편의 장엄한 애가입니다. 전통적으로 예레미야가 지었다고 알려져 있습니다.

바룩Baruch

개신교 성서에는 없는 책입니다. 예레미야의 비서 바룩이 지었다고 알려져 있으며 참회하면서도 희망을 잃지 않는 태도로 바빌론 유수를 반성합니다(6장은 별도로 예레미야의 편지라 부르기도 하지요).

에제키엘(에스겔)Ezekiel

예레미야의 동시대인이지만 그보다 젊은 에제키엘의 예언입니다. 신비로운 짐승들이 끄는 전차 위의 옥좌에 앉은 하느님의 환영, 포로기 이후 이스라엘 민족 부활의 상징으로서 마른 뼈가 다시 생명을 얻는 환상 등이 담겨 있습니다.

다니엘Daniel

전하는 바에 따르면 예레미야의 동시대인인 다니엘의 이야기와 그가 본 환상입니다. 다니엘은 포로였으나 꿈을 해석하는 능력 덕분에 바빌론 왕의 총애를 받았습니다. 사자굴, 활활 타는 화덕, 벽에 적힌 글씨 이야기 등은 널리 알려져 있습니다.

수산나Susannah(다니엘 13장)

개신교 성서에는 없는 부분입니다. 짤막한 탐정물로 수산
나라는 유대인 여자를 강간하려다 실패한 두 남자가 수산
나를 간통 혐의로 무고하지만 다니엘이 진실을 밝힙니다.

벨과 큰 뱀Bel and the Dragon(다니엘 14장)

개신교 성서에는 없는 부분입니다. 우상의 불합리성과 이
스라엘 하느님의 권능을 드러내는 두 편의 짧은 이야기
입니다.

아자르야의 노래The Prayer of Azariah와 세 젊은이의 노래The Song of the Three Young Men(세 유대인의 노래The Song of the Three Jews)

개신교 성서에는 없는 부분입니다. 활활 타는 화덕에 던
져진 세 젊은이가 바쳤다고 전해지는 노래와 기도입니다.

호세아Hosea

엘리야와 엘리사 이후 기원전 8세기의 예언입니다.

요엘Joel

자연재해와 마주하여 자신들의 잘못을 뉘우치는 시를 담고 있지만, 하느님이 자신의 "영을 모든 사람에게 부어" 줄 영광스러운 미래에 관한 예언도 들어있습니다.

아모스Amos

호세아와 동시대를 살았던 아모스의 예언입니다. 파국의 분위기로 가득 차 있습니다.

오바디야(오바댜) Obadiah

기원전 587년 예루살렘 함락을 도운 데 대한 벌로 에돔이 벌 받으리라는 짧은 예언입니다.

요나Jonah

익히 알려진 반항적인 예언자의 이야기입니다. 요나는 하느님의 명령에 복종하기를 거부한 벌로 물고기에게 집어 삼켜졌다가 풀려나 니느웨로 가서 설교하고 도시를 회개시키지요.

미가Micah

이사야와 동시대를 살았던 미가의 예언입니다.

나훔Nahum

하느님이 니느웨를 파멸시키시리라는 계시입니다.

하바꾹(하박국) Habakkuk

예레미야와 동시대를 살았던 하바꾹의 예언입니다. 임박한 예루살렘 파멸을 이야기하지요.

스바니야(스바냐) Zephaniah

포로기 이전 유다의 삶의 여러 측면을 비판합니다.

하깨(학개) Haggai

성전을 재건하기 위해 바빌론에서 돌아온 공동체를 격려하는 예언자의 말입니다.

즈가리야(스가랴) Zechariah

하깨와 동시대를 살았던 즈가리야의 계시입니다. 포로기 이후 공동체의 복원에 관해 이야기합니다.

말라기Malachi

포로기 이후 공동체의 다양한 악습을 공격합니다. 엘리야가 돌아와 '주님의 날'의 도래를 알릴 것임을 예언하는 유명한 구절이 있습니다.

이사야부터 말라기에 이르는 책은 보통 예언서라고 부릅니다.

마카베오상1 Maccabees

기원전 2세기에 유대인들이 이교도 왕 안티오코스 에피파네스에 맞선 전쟁에 관해 설명합니다.

마카베오하2 Maccabees

마카베오상에 기록된 사건, 특히 당시에 신앙을 지키며 순교한 유대인들에 관한 보다 대중적이고 전설에 가까운 이야기를 전합니다.

외경apocrypha

일부 개신교 성서는 엄밀하게는 구약의 일부로 간주하지 않는 책들을 '외경'이라는 일종의 부록으로 싣고 있습니다.

다니엘에 추가된 부분(수산나, 벨과 큰 뱀, 세 젊은이의 노래) 각각은 별개의 책처럼 취급되어 외경에 포함됩니다. 에스델에 추가된 부분(앞의 내용 참조)들은 파편적이어서, 원래 책의 맥락을 벗어나 외경으로 따로 묶이면 내용이 이어지지 않습니다. 외경은 보통 로마 가톨릭 성서는 포함하지 않는 세 작품도 수록하고 있습니다.*

에스드라상 1 Esdras

역대기, 에즈라, 느헤미야의 일부를 개작한 문헌입니다.

에스드라하 2 Esdras

기원후 1세기에 나온, 부분적으로 그리스도교적인 문헌입니다.

---

* 이를테면 미국 그리스도교교회협의회 National Council of the Churches of Christ 에서 출간한 개정표준판과 신개정표준판 New Revised Standard Version이 세 작품을 수록하고 있으며 구체적인 본문 내용은 바이블 게이트웨이 (https://www.biblegateway.com) 등의 웹페이지에서 확인할 수 있다. 아울러 잉글랜드 성공회 39개 신조 중 제6조 또한 세 작품을 외경으로 인정하고 있다.

므낫세의 기도 The Prayer of Manasseh

참회의 글입니다.

그리스와 여타 동방 정교회 성서는 더 많은 본문을 수록한 경우도 있습니다.

신약

마태오의 복음서(마태복음) Matthew

예수의 가르침을 강조하며 산상 수훈(5~7장)을 담고 있습니다.

마르코의 복음서(마가복음) Mark

가장 짧은 복음서이며, 다른 복음서에 없는 내용은 거의 싣고 있지 않습니다.

루가의 복음서(누가복음) Luke

가장 긴 복음서이며, 탕자의 비유와 선한 사마리아인의 비유, 엠마오로 가는 길에 관한 설명 등 많은 비유와 독특한 이야기를 여럿 담고 있습니다.

이 세 편의 복음서는 '공관 복음'Synoptic Gospels, 즉 같은 관점을 공유하는 복음서라 부르기도 합니다.

요한의 복음서(요한복음)John

요한의 복음서(또는 '네 번째 복음서')는 공관 복음과 근본적으로 다릅니다. 예수의 가르침은 자신의 정체성을 드러내는 데 초점이 맞춰져 있으며(그런 이유로 '나는 …이다'라는 말이 많이 나오지요) 다른 복음서에 나오는 비유들은 나오지 않습니다.

사도행전The Acts of the Apostles

루가의 복음서 제2권으로 간주됩니다. 초대 교회의 역사, 특히 바울이 지중해 세계에서 수행한 선교를 다룹니다.

로마인들에게 보낸 편지(로마서)Romans

바울이 쓴 편지 중 가장 깁니다. 자신이 설립하지 않았고 방문한 적도 없는 로마 교회에 보낸 편지입니다. 교회 내에서 유대인들와 비유대인들의 관계 문제, 그리고 율법에 대한 복종과 그리스도에 대한 믿음 중 무엇이 구원의 기초인가 하는 물음을 주로 다룹니다.

고린토인들에게 보낸 첫째 편지(고린도전서)1 Corinthians

세련된 대도시 고린토에 살고 있던 그리스도교인들에게 바울이 처음으로 보낸 편지입니다. 그들이 주변 사회와 어떻게 관계를 맺어야 하는지, 교회는 어떻게 자신의 문제를 체계화해야 하는지를 이야기합니다.

하느님의 어리석음이 사람의 지혜보다 더 지혜롭습니다.

(1고린 1:25)

고린토인들에게 보낸 둘째 편지(고린도후서)2 Corinthians

이 편지는 고린토 교회 내 관계를 더 깊이 다루고, 바울 자신의 권위에 대한 도전에 응답합니다.

갈라디아인들에게 보낸 편지(갈라디아서)Galatians

바울이 쓴 다른 편지들과 달리 감사의 표현이나 기원으로 내용이 시작되지 않는 유일한 편지입니다. 로마인들에게 보낸 편지처럼 '신앙으로 의롭게 됨'(칭의)이라는 주제를 다루지만, 바울은 갈라디아인들의 잘못에 대해 분노와 적의를 보인다는 점에서 차이가 있습니다.

에페소인들에게 보낸 편지(에베소서)Ephesians

처음에는 널리 회람할 문서로 작성되었을 가능성이 있으며(모든 필사본이 에페소라는 이름을 언급하고 있지는 않기 때문이지요), 다양한 신학적 주제를 조금 체계적인 방식으로 다룹니다. 골로사이인들에게 보낸 편지와 겹치는 부분이 있습니다.

필립비인들에게 보낸 편지(빌립보서)Philippians

바울이 쓴 편지 중 가장 온화한 목회 서신으로, 필립비의 그리스도교인들의 신실함과 너그러움을 격려하기 위해 감옥에서 보냈습니다.

골로사이인들에게 보낸 편지(골로새서)Colossians

바울이 자신의 그리스도론Christology(예수의 본질에 관한 가르침)을 가장 분명하게 드러낸 편지입니다. 그가 생각하기에 그리스도교 신앙과 양립할 수 없는 '철학' 체계로 골로사이의 그리스도교인들이 빠져들지 않도록 설득하는 내용도 있습니다.

데살로니카인들에게 보낸 첫째 편지(데살로니가전서)1 Thessalonians

바울의 가장 초기 서신으로 보이며 특히 종말론
eschatology(역사와 관련된 하느님의 계획, 그리고 최후의 날이 도래
하는 과정에서 예수의 역할)과 연관된 주제를 다룹니다.

데살로니카인들에게 보낸 둘째 편지(데살로니가후서)2 Thessalonians

종말론과 연관된 부연 설명을 담고 있습니다.

디모테오에게 보낸 첫째 편지(디모데전서)1 Timothy

디모테오에게 전하는 목회에 관한 조언을 담고 있는 편지
입니다. 디모테오는 바울이 에페소의 지도자로 임명한 사
람인 듯하며, 후대의 주교와 비슷한 역할을 했던 것으로
보입니다.

디모테오에게 보낸 둘째 편지(디모데후서)2 Timothy

그리스도교 공동체의 목회자로 사는 삶에 관해 추가로 조
언합니다.

디도에게 보낸 편지(디도서)Titus

디도는 디모테오와 유사한 역할을 크레타섬에서 수행한

것으로 보이며, 바울은 그에게 디모테오와 마찬가지로 진지하고 신중한 삶을 살라고 충고합니다. 디모테오에게 보낸 두 편지와 디도에게 보낸 편지까지 세 서신은 일반적으로 '목회 서신'pastoral epistles이라고 부릅니다. 이 서신들은 바울이 직접 쓴 편지를 모방한 것으로 바울 사후 한참 지난 시기에 나왔다고 여겨집니다.

필레몬에게 보낸 편지(빌레몬서)Philemon

바울이 개인에게 보낸 네 번째 편지입니다. 도망 노예 오네시모 문제를 다룬, 그가 쓴 편지 중 가장 개인적인 편지입니다.

히브리인들에게 보낸 편지(히브리서)Hebrews

일부 필사본은 이 편지가 바울의 것이라고 보고, 다른 필사본은 그렇지 않다고 주장합니다. 예수의 지위, 그리스도교인의 삶, 구원의 희망 같은 주제를 이야기합니다. (바울 서신으로서는 흔치 않게도) 구약의 여러 본문에 대해 논의합니다.

야고보의 편지(야고보서)James

윤리적 가르침을 모은 글입니다.

베드로의 첫째 편지(베드로전서)1 Peter

세례와 부활을 중점적으로 다룹니다. 그래서 어떤 학자들은 이 서신이 본래 부활절 설교였으리라고 보기도 하지요.

베드로의 둘째 편지(베드로후서)2 Peter

대부분 종말론과 연관된 주제를 다루며, 유다의 편지와 많은 부분 내용이 겹칩니다.

요한의 첫째 편지(요한1서)1 John

요한의 첫째 편지와 요한의 복음서에는 공통된 주제가 여럿 있습니다. 그중 대표적인 이야기는 하느님이 베푸신 사랑에 대한 응답으로 그리스도교인들도 그리스도를 좇아 서로에게 사랑을 베풀어야 한다는 것이지요.

요한의 둘째 편지(요한2서)2 John

교리상 오류의 위험성을 경고합니다.

요한의 셋째 편지(요한3서)3 John

초대 교회의 규율 문제를 다루는 짤막한 목회 서신
입니다.

유다의 편지(유다서)Jude

교회의 '죄'를 맹렬하게 비난합니다. 베드로의 둘째 편지
와 공유하는 종말론적 주장을 바탕으로 경고를 보냅니다.

요한의 묵시록(요한계시록)Revelation

최후의 날, 그리고 종말에 뒤따를 새 세상에서 그리스도
의 역할에 관해 이야기하는 묵시론 작품입니다.

전통적으로 베드로의 첫째 편지부터 유다의 편지까지는 특
정 공동체를 위해 작성된 바울의 편지와 달리 모든 그리스도
교인을 향해 쓴 편지로 여겼기 때문에 '일반 서신'general epistles
혹은 '공동 서신'catholic epistles이라 부르기도 합니다.

02

책을 쓰다

성서의 세계에서의 글쓰기

이스라엘 민족이 성립하기 훨씬 전부터 중동에는 글을 쓰는 관행이 있었습니다. 대부분의 고대 문화권에서는 소수의 사람만이 읽고 쓰는 능력을 갖추었으나, 늦어도 기원전 제3 천년기 중반(2500년경) 이래 메소포타미아부터 이집트에 이르는 모든 국가에는 전문 서기관scribe, 혹은 필경사가 있었고, 다른 직업에 종사하지만 읽고 쓸 줄 아는 사람도 있었습니다. 히브리 문화가 이르게 잡아 기원전 1700년(전통에서는 아브라함이 태어난 시기로 여기지만, 몇 세기 이른 추정치임이 틀림없습니다)부터 출발했다고 하더라도, 성서의 세계는 처음부터 끝까지 글의 세계였던 것입니다.

늦어도 솔로몬 왕의 시대(기원전 970~930) 이래 이스라엘 민족은 도시, 마을, 촌락에 정착해 살았습니다. 이 같은 환경에서는 책을 보관할 장소가 있었고, 책을 만들기 위해 재료(일반적으로 파피루스papyrus)를 마련할 기회가 있었습니다. 그림책에 나오는 천막에서 사는 유목민, 아무것도 기록으로 남길 줄 모르는 이스라엘 민족 같은 모습은 역사적 현실과 전혀 들어맞지 않습니다.

히브리 문화는 읽기와 쓰기에 도움을 주는 귀중한 도구 하나를 갖고 있었습니다. 바로 음소 문자音素文字, alphabet입니다. 기원전 제1 천년기에 이르기까지 메소포타미아 문화권에서는 쐐기 문자cuneiform 체계가 통용되었는데, 이는 쐐기 모양의 필기구를 이용하여 음절을 나타내는 기호를 점토판에 새기는 방식이었습니다. 페니키아인은 처음으로 이 음절 문자 체계 대신 음소 문자 체계를 발전시켰습니다. 이는 히브리어는 물론 오늘날 서양의 알파벳의 조상으로, 각각의 기호는 하나의 자음을 나타냈습니다. 그 결과 한결 단순한 체계가 탄생했습니다. 수백 가지 종류의 쐐기 문자는 22개의 음소 문자로 대체되어 읽기와 쓰기를 훨씬 용이하게 만들었으며, 비전문가도 읽고 쓸 수 있게 되었습니다. 구약의 모든 책은 이 음소 문자로 기록되었고, 시간이 지나면서 문자의 세부 양식은 변화했을지언정 기본 22개 문자를 벗어난 적은 결코 없습니다. 구약의 일부는 거의 기원전 10~11세기에 기록되었을 가능성이 크며(판관기 5장에 나오는 시가 성서에서 가장 오래된 본문이라는 데는 대다수 학자의 견해가 일치합니다) 가장 최근 본문인 다니엘서는 기원전 2세기 중엽(160년경)에 나왔습니다.

신약성서는 좀 더 명백한 문자 문화의 산물입니다. 예수 시대 지중해 세계에는 도서관, 서점, 그리고 수많은 작가와 번역가가 있었습니다. 신약의 언어는 당대의 교양 있는 이들이 일상에서 사용한 그리스어입니다. 이 언어는 지중해 세계 전체의 공용어가 되었고 이탈리아 여러 지역에서도 라틴어와 함께 쓰였지요. 당시 작가가 전문 서기관을 고용해 자신의 말을 속기로 받아쓰게 하는 일은 흔했습니다. 바울이 로마인들에게 보낸 편지에는 바울의 대필자amanuensis 혹은 비서인 데르디오(더디오)의 인사가 담겨 있습니다.

이 편지를 받아 쓰는 나 데르디오도 주님의 이름으로 여러분에게 문안 드립니다. (로마 16:22)

바울은 서신이 진본임을 증명하기 위해 곳곳에 직접 인사를 써넣었는데(타자기로 작성한 편지 말미에 서명하는 관습과 비슷하지요), 이는 편지의 나머지 부분은 다른 사람이 작성했음을 암시합니다.

> 나 바울은 친필로 인사의 말을 씁니다. (1고린 16:21)
> 보십시오, 내가 여러분에게
> 직접 이렇게 큰 글자로 적습니다. (갈라 6:11)
> 나 바울이 친필로 문안합니다. (골로 4:18)
> 나 바울이 친필로 문안합니다. (2데살 3:17)

그러므로 성서의 세계는 오늘날 사람들이 알고 있는 것보다 훨씬 더 글의 세계, 책의 세계였던 것입니다. 성서를 이해하려면 이 책이 고대 및 현대 세계의 작가들에 견줄 만한 숙련된 작가들의 창작물임을 반드시 염두에 두어야 합니다.

누가 성서를 썼을까?

그렇다면 이 저자들은 누구일까요? 성서의 대다수 책은 정확히 저자가 누구인지 알 수 없습니다. 대표적인 예외는 바울 서신으로, 이 문헌들은 (당시 편지가 그랬듯) 자신의 이름을 밝히고 편지를 누가 받는지를 밝힙니다.

> 하느님의 뜻으로 부르심을 받아 그리스도 예수의 사도가 된
> 나 바울이 우리 교우 소스테네(소스데네)와 함께 고린토에 있
> 는 하느님의 교회에 이 편지를 씁니다. … 은총과 평화를 여
> 러분에게 내려주시기를 빕니다. (1고린 1:1~3)

신약의 다른 서신들도 보낸 이의 이름을 언급하며 시작합
니다. 형식상으로는 편지 묶음인 요한 묵시록의 서두도 마찬
가지이지요. 그러나 마태오, 마르코, 루가, 요한의 복음서는
제목에서만 저자를 언급합니다(그리스어 본문에는 '마르코에 의
한' 정도로만 되어있고 '복음'이라는 말은 없습니다).

구약의 책들은 오늘날 통용되는 제목에 등장하는 이름들
조차 실제 저자인 경우는 드뭅니다. 이를테면 욥기는 욥이
쓴 책이 아니라 욥에 관한 책이고 사무엘상, 하 역시 마찬가
지입니다(이 책에 사무엘의 죽음이 나오는데도 불구하고 고대 사람
들은 종종 이 책을 사무엘이 썼다고 믿었습니다). 우리는 구약의 처
음 다섯 책(오경)을 '모세 오경'이라고 부르지만, 본문 어디
에도 이 책들을 모세가 썼다는 말은 없습니다. 다만 출애굽
기 34장 11~26절에 나열된 율법처럼 오경의 일부를 모세가

썼다고 이야기할 수는 있겠지요. 출애굽기 34장 27~28절을 봅시다.

> 주님께서 모세에게 말씀하셨다. "너는 이 말을 기록하여라.
> ..." 그리고 그는 언약의 말씀 곧 십계명을 판에 기록하였다.

'다윗의 시편'이나 '솔로몬의 잠언'은 '다윗이 쓴 시', 솔로몬이 남긴 잠언'이라기보다는 '다윗이 보유한 시편', '솔로몬이 보유한 잠언'이라는 의미에 가깝습니다. 당연하지만 열왕기상 · 하에서 왕은 이 책들의 저자가 아니라 책의 중심 소재이지요.

하지만, 성서 책들 각 권의 저자가 누구인지 밝히기 어려운 데는 좀 더 중요한 이유가 있습니다. 성서 책들 중 한 사람의 저자가 특정 시점에 창작한 문헌은 극히 일부에 불과합니다. 창세기는 성서의 첫 번째 책이며 이는 단번에 알 수 있습니다. 그러나 이 책이 성서의 책들 중 가장 먼저 저술된 책인지 묻는다면 우리는 복잡한 문제를 마주하게 됩니다.

어떤 저자의 작품에 관해서든 그 작품이 어떤 순서로 썼는지를 묻는 것은 자연스럽고 대체로 이에 대한 분명한 답을 얻을 수 있습니다. 설령 확실한 증거가 없다 하더라도 저 물음 자체는 합리적이고 논리 정연한 질문입니다. 그러나 창세기를 비롯한 성서의 많은 책은 서로 다른 시기에 만들어진 부분들을 담고 있습니다. 일종의 스크랩북이나 선집인 것이지요. 책이 전하는 이야기에 담긴 몇 가지 충돌하는 지점들을 통해 우리는 이를 알 수 있습니다.

이를테면 창세기 4장 26절에서 우리는 아담의 손자 에노스의 시대부터 "사람들이 주님의 이름을 불러 예배하기 시작"했음을, 즉 하느님을 특별한 히브리 이름인 '야훼'YHWH[1]로 부르기 시작했음을 알게 됩니다. 그러나 모세의 생애를 그린 출애굽기 6장 2~3절에 따르면 하느님이 모세에게 동료

---

1 히브리어 문자는 본래 자음만을 표기하여 속기와 비슷한 형식을 띠었습니다. 우리는 고대에 하느님의 이름을 '야훼'Yahweh로 발음했을 것이라고 생각합니다. 그러나 신약 시대에 이르면 사람들은 하느님을 공경하는 마음에서 그 이름을 아예 발음하지 않게 되었고, 성서를 소리 내어 읽을 때는 이 단어를 '나의 주님'을 뜻하는 '아도나이'Adonai로 바꿔 읽었습니다. 그리고 마침내 히브리어에서 모음을 표기하는 방법을 고안하자 사람들은 YHWH라는 자음에 '아도나이'의 모음을 붙여서 쓰기 시작했습니다. 히브리어에 있을 수 없는 단어가 만들어졌으니, 이는 모음 표기를 보고서 '아도나이'라고 읽으라는 신호를 주는 것이었지요. 그러나 그리스도교인들은 히브리어에서 성립 불가능한 이름을 적힌 그대로 읽었고, '야호와'Yahowah 비슷한 이름이 생겨났습니다. 이것이 곧 '여호와'로, 유대교에서는 결코 부르지 않는 하느님의 이름입니다. 오늘날에는 YHWH라는 이름이 등장하면 '주님'으로 바꾸어 읽는 것이 일반적인 관례이며, 영어로는 대문자와 소형 대문자를 사용해서 적습니다(The LORD').

이스라엘인들에게 자신의 이름을 알리라는 명령을 내리기 전까지 사람들은 그 이름을 몰랐던 것으로 보입니다. 이와 유사하게 창세기 1장 24~27절에서는 하느님이 인간을 창조하기 전에 동물을 창조하셨다고 말하지만, 창세기 2장 18~19절에서는 인간을 먼저 창조하고 그의 짝으로 동물을 창조하셨다고 말합니다. 이러한 사례가 매우 많기에 일반적으로 학자들은 창세기, 출애굽기 등 구약성서 대다수 책은 여러 시기와 장소에서 만든 자료로 구성된 '복합물'이라고 결론지었습니다. 이것이 사실이라면, 우리가 알고 있는 의미에서 창세기 저자는 없습니다. 다만 일정한 의도 아래 일련의 자료들을 결합한 편찬자compiler가 있을 뿐이지요. 성서의 모든 책, 혹은 대다수 책의 사정이 이러하다면 각 책의 저술 연대를 알아내 연대순으로 배열하는 일은 어려울 뿐 아니라 원리상 불가능한 일, 의미 없는 일이 됩니다.

대다수 현대인은 이전부터 존재하던 자료를 활용해 하나의 책으로 편찬하는 일을 낯설어할지도 모르겠습니다. 하지만 이런 일은 여전히 일어나고 있지요. 안네 프랑크Anne Frank의 일기는 그 좋은 예입니다. 가족과 함께 암스테르담에 2년 동안 숨어 살았던 이 유대인 소녀는 1944년 독일 당국에 발각되어 베르겐-벨젠 수용소에서 죽음을 맞이했습니다. 『안네의 일기』The Diary of a Young Girl 1997년 판의 번역자는 이 일기가 어떤 과정을 거쳐 출판되었는지 서술합니다.

안네 프랑크는 전쟁이 끝난 뒤 자신의 일기를 바탕으로 책을 내야겠다고 결심했다. 그녀는 자신의 일기를 고쳐 쓰고, 편집하고, 문장을 다듬고, 재미있지 않다고 느낀 부분을 삭제하고, 기억을 되살려 내용을 보탰다. 그러면서도 원래의 일기는 계속해서 작성했다. 연구자들을 위한 『안네 프랑크의 일기 - 비평본』The Diary of Anne Frank: The Critical Edition(1989)에서는 안네가 편집하지 않은 첫 번째 일기를 A판이라 부르고, 편집을 거친 두 번째 일기를 B판이라 부름으로써 둘을 구별한다. … 긴 숙고 끝에 오토 프랑크Otto Frank는 자기 딸의 소원을 들어주기로 결심하고 그녀의 일기를 출판했다. 그는 A판과 B판에서 자료를 선별하고 이를 더 짧은 형태로 편집했으며 이는 훗날 C판이라고 불렸다. 전 세계 독자들이 알고 있는 『안네의 일기』는 바로 이 C판이다. 스위스 바젤에 있는 안네 프랑크 재단Anne Frank-Fonds은 오토 프랑크의 유일한 상속인으로서 그의 딸의 저작권까지 물려받았는데, 일반인 독자들을 위해 일기의 새로운 확장판을 출판하기로 결정했다. … 재단은 오토 프랑크가 편집한 판에 안네의 A

판과 B판에서 발췌한 단락들을 보충 자료로 덧붙였다.[2]

기본적으로 한 명의 저자가 쓴 하나의 글인 『안네의 일기』를 출간하는 과정도 이렇게 복잡하다면, 성서의 몇몇 책을 창조해 내는 과정은 아예 규모가 다른 일이었으리라고 상상해 볼 수 있습니다. 복음서들을 검토해 보면 이를 알 수 있을 것입니다.

복음서

분명 네 복음서는 모두 같은 이야기를 들려줍니다. 네 복음서 모두 나자렛 예수가 제자들을 모으고, 가르침을 전하고, 치유하고, 당국과 갈등을 빚다가 재판을 받고 십자가에 못 박혀 숨을 거둔 뒤 묻혔지만 죽은 이들 가운데서 살아났다고 이야기하지요. 그러나 이 이야기에 좀 더 살을 붙이려 하는 순간 우리는 복음서들이 서로 충돌하는 지점이 있음을 알게 됩니다. '성전 정화'는 예수의 공적 활동 초반에 일어난 사건일까요(요한 2:13~22), 아니면 막바지에 일어난 사건일까요(마태 21:12~13, 마르코와 루가의 복음서도 마태오와 유사합니다)?

---

2 Anne Frank, *The Diary of a Young Girl* (London: Viking, 1997)

"선하신 선생님, 제가 무엇을 해야 영원한 생명을 얻겠습니까?"라는 질문을 받았을 때, 예수는 "왜 나를 선하다고 하느냐?"(마르 10:18)라고 답했을까요, 아니면 "왜 너는 나에게 와서 선한 일에 대하여 묻느냐?"(마태 19:17)라고 답했을까요? 좀 더 중대한 문제로, 예수는 마태오, 마르코, 루가의 복음서가 묘사하듯 사람들이 어떻게 살아야 하는지를 주로 가르쳤을까요, 아니면 요한의 복음서가 전하듯 세상을 향한 하느님의 계획에서 예수 자신이 어떤 지위에 있으며 어떤 역할을 하는지를 주로 가르쳤을까요?

이러한 문제를 두고 씨름하는 과정에서 학자들은 요한의 복음서가 '공관 복음'과는 분명 다르다는 데 의견의 일치를 보았습니다. 물론 공관 복음 역시 공유하는 내용이 많지만, 다른 점도 꽤 많습니다. 현시점에서는 세 복음서가 어느 정도 상호 의존 관계였으며 지금은 유실된 문헌들, 예수의 발언 모음집을 함께 사용했다는 가설이 가장 유력합니다. 대다수 신약 연구자들은 마르코의 복음서가 가장 먼저 (다른 이들이 모아 둔 다양한 자료를 바탕으로) 편집된 복음서라고 생각합니다. 또한 마태오와 루가는 (이런저런 형태를 띤) 마르코의 복음서와 더불어 이른바 Q 문서라고 부르는 예수의 발언 모음집을 이용했다고 봅니다. 이는 복음서의 최종 형태가 나오기까지 일련의 수집, 선별, 편집 과정이 있었고 예수가 세상을 떠난 뒤 3~40년이 지나서야 복음서가 완성되었음을 뜻합니다. 복음서가 활용한 자료 중 상당수는 훨씬 이전에 나왔고, 그중 어떤 자료는 예수의 첫 제자들까지 거슬러 가겠지만 말입니다.

공관 복음을 연구하다 보면 좀 더 많은 점을 알게 되며 이 때문에 책들의 정확한 저술 연대를 확정하기란 더 어려워집니다. 방금 살펴보았듯 복음서의 저술 연대는 복음서에 담긴 자료의 연대와 필연적으로 일치하지는 않습니다. 예수가 세상을 떠난 시점부터 40년 후에 쓰인 복음서는 예수가 생전에 한 말이나 행동, 그리고 관련된 일화를 포함할 수 있을 것입니다. 그러므로 현재 우리가 알고 있는 복음서들보다 더 먼저 쓰였지만, 지금은 사라진 어떤 문서가 있을 수 있고 그 문서가 예수의 실제 말과 행동을 더 충실하게 보존했을 가능성도 있습니다. 그렇기에 예수의 제자들이 예수의 발언을 받아 적어두었고 복음서 저자들은 이 자료를 바탕으로 작업했다고 주장하는 학설도 있지요. 한편 복음서에는 복음서 저자 본인이 만든 자료가 있을 수도 있습니다. 어떤 학자들은 루가의 복음서 1~2장에 등장하는 예수 탄생 이야기가 그 대표적인 예라고 이야기합니다. 그들에 따르면 이 이야기는 위대한 영웅들에 관한 구약성서 이야기와 유사하게 만든 전설로 어떠한 사실에도 근거하지 않습니다. 이처럼 복음서에 담긴 내용의 작성 연대에 관한 문제와 신빙성에 관한 문제는 서로 밀접하게 연결되어 있습니다.

사태를 복잡하게 만드는 요인이 하나 있습니다. 복음서 저자들이 사용한 자료는 글을 통해서가 아니라 입말을 통해 전해 내려온 자료였을 것입니다. 복음서 저자들은 글로 적힌 자료가 아니라 구전되는 기억에 의존했던 것으로 보입니다. 여러 전통 문화는 중요한 내용은 마음으로 받아들이고, 기억하고, 입에서 입으로 전하는 능력을 중시했으며 일부 학자들은 복음서도 이러한 활동에 기반을 두고 있다고 생각합니다. 문제는 구전 자료가 기록 자료에 비해 확인하기 훨씬 어렵다는 것, 그리고 전달 과정에서 감지하기 힘든 수준의 변화를 어떻게 피했는지 알기 어렵다는 것이지요.

양식 비평form criticism을 받아들인 신약 학파는 모두 복음서에 나타난 발언과 이야기가 구전되었다고 여깁니다. 구전이 이루어진 주된 방식은 교회 예배를 통해서였을 것입니다. 처음에는 예수를 알았던 이들이, 나중에는 이 사람들을 알았던 이들이 매주 예배를 위해 모인 그리스도교인들에게 예수에 관한 이야기를 상세히 전했습니다. 그들은 진실하게 주님이 무엇을 말했는지를 전하려 했을 것입니다. 그러나 이야기를 듣는 그리스도교 공동체의 입장이 이야기에 점차 스며들고, 공동체의 요구와 문제가 이야기에 담겼을 것입니다. 이를테면 예수가 유대교 내부의 적대자들과 대립하는 이야기는 교회가 다른 유대인들과 갈수록 분쟁에 휘말리고 마침내 유대인 집단에서 배제되면서 차츰 날카로워졌습니다. 공관복음이 "율법학자들"과 "바리사이파 사람들"을, 그리고 요한의 복음서가 "유다인들"을 묘사하는 방식은 이러한 후대의 대립을 반영한 것이며, 실제 예수에 대한 유대인 공동체의 반발은 이보다 훨씬 덜했지요. 이렇게 어느 정도까지는 복음서의 발전 과정을 재구성할 수 있을 것이고, 그럼으로써 현재의 복음서에 담긴 예수의 모습과 그의 가르침보다 더 진실에 가까이 갈 수 있을 것입니다.

한편, 복음서 저자들이 수집한 자료들이 이미 변형되고 발전한 자료들이었다면, 복음서 저자들도 자료를 의도적으로 변경했을 가능성, 이들이 단순한 편찬자 이상이었을 가능성을 유념해야 합니다. 성서학에서는 받은 자료에 창조적 변형을 가하는 편찬자를 가리켜 보통 '편집자'redactor라고 부르며 편집자가 어떤 일을 했는지 연구하는 작업을 '편집 비평'redaction criticism이라고 부릅니다. 복음서 저자들이 자유롭게 복음서를 창작하지는 않았으며 (기록이든 구전 자료든) 원자료를 갖고 있었음을 편집 비평가들도 인정합니다. 하지만 그들은 복음서 저자들 역시 복음서를 만들며 많은 부분 의견을 보탰다고 봅니다. 각 저자는 입수한 자료를 각색하면서 고유한 흔적을 남겼으므로 마태오, 마르코, 루가, 요한을 편집자로 부르든 저자로 부르든 큰 차이는 없습니다. 루가가 그린 예수와 마태오가 그린 예수는 중요한 측면에서 차이가 있지요. 루가의 복음서에서 예수는 모세의 율법에 구애 받지 않으며 가난한 이들과 사회에서 소외된 이들에게 깊은 관심을 보입니다. 반면 마태오의 복음서에서는 율법의 엄중함을 강조하며 교회 내부 문제에 많은 관심을 보이지요. 이 차이를 설명하는 가장 좋은 방법은 각 복음서 저자가 자신이 속한 교회라는 조건에서 서로 다른 문제와 마주해 서로 다른 의제를 가지고 독자들에게 그 위험을 경고해야 했다는 것입니다.

이렇듯 복음서가 언제 어떻게 저술되었느냐는 물음은 매우 복잡한 문제입니다. 물론 문제를 단순화해서 복음서 성립 과정의 종점, 즉 복음서가 더는 편집되지 않고 고정된 시점은 분명히 있다고 말할 수 있겠습니다. 그리고 이는 매우 간략하게만 명시할 수 있습니다. 마르코의 복음서는 가장 먼저 완결된 복음서로 예루살렘이 로마인들에게 함락당한 기원후 70년 이전에, 혹은 그 후라도 그리 오랜 시간이 흐르지는 않은 시점에 완성되었을 것입니다. 마태오의 복음서와 루가의 복음서는 그보다 10여 년 뒤에 나왔고 요한의 복음서는 1세기 말엽에 완성되었다고 대다수 신약 연구자가 입을 모으지요. 그러나 저술 연대가 '자료가 처음 문자화된 시점'을 뜻한다면 복음서의 어떤 부분은 훨씬 이른 시기에 만들어졌을 가능성이 있고 이는 거의 예수 시대까지 거슬러 올라갈 수도 있습니다. 일부 자료가 구전 자료라면 그 자료는 오랜 시간에 걸쳐 천천히 영향을 받아 변경되었을 것이므로 기원후 40년대, 50년대, 60년대, 또는 70년대 중 그 어떤 연대에 만들어졌다고 보든 이는 다소 임의적이고 확실한 시점은 아닙니다. 이 중 어느 시기를 저술 연대로 추정하든 타당성은 비슷하지요.

서신

신약에 포함된 서신 혹은 편지들은 다른 부류의 문제를 안고 있습니다. 편지를 쓰는 과정은 역사적 서사를 엮는 과정과는 다릅니다. 자신이 말하고자 하는 바를 가능한 한 명확하게 전달하는 것이 중요하며, 온갖 단편적인 정보들을 엮어 질서 잡힌 전체를 빚어내는 것과는 거리가 멀지요. 바울의 서신이 언제 어떻게 저술되었느냐는 물음은 원리상 까다롭지 않습니다(필수적인 역사적 정보가 부족해 확신할 수 없는 경우가 종종 있기는 하지만 말입니다). 사도행전과 바울 서신들은 바울이 아직 복음이 전파되지 않은 곳에 교회를 설립하거나 과거 설립된 교회를 더욱 튼튼하게 만들기 위해 지중해 전역으로 긴 여행을 여러 번 다녔음을 알려 줍니다. 사도행전과 서신들에 담긴 역사적 흔적들을 모아 놓고 종합해 보면 서신들의 저술 연대를 추정할 수 있습니다. 학자들은 대체로 데살로니카인들에게 보낸 두 편지가 가장 먼저 쓰였고 그 뒤에 고린토인들에게 보낸 두 편지, 갈라디아인들에게 보낸 편지, 로마인들에게 보낸 편지, 필립비인들에게 보낸 편지, 골로사이인들에게 보낸 편지, 필레몬에게 보낸 편지, 에페소인들에게 보낸 편지, 디모테오에게 보낸 두 편지, 디도에게 보낸 편지가 쓰였다고 봅니다.

이 서신들의 경우에는 위명성pseudonymity의 문제가 있습니다. 앞에서 언급했듯 성서에 속한 책들은 대부분 저자가 누구인지 밝히지 않는데, 드물게 알려 주더라도 그것이 사실이 아닌 경우가 있습니다. 대다수 비평가는 목회 서신, 즉 디모테오에게 보낸 두 편지와 디도에게 보낸 편지가 바울의 이름과 권위를 내세우지만, 실제 저자는 바울이 세운 교회 중

한 곳의 2세대 지도자일 것으로 봅니다. 또한 학자들은 에페소인들에게 보낸 편지를 회람 편지encyclical letter, 즉 사람들이 돌려가면서 읽으라고 보낸 편지로 간주하며 바울의 편지들을 모아 선집을 만들던 때(3장을 보십시오) 나왔을 것으로 추정합니다.

일부 학자들은 에페소인들에게 보낸 편지와 밀접한 주제를 다루는 골로사이인들에게 보낸 편지의 진본 여부도 의심합니다. 진본을 굉장히 중요시하는, 위명이란 곧 기만이며 해당 저작의 종교적 진실성을 깎아내리는 것으로 여기는 오늘날 문화에서는 이를 이해하기가 어렵지요. 그러나 고대 세계에서 다른 사람의 이름을 사용한다는 것은 미묘한 문제로, 통념에 어긋나는 경우들 못지않게 정당한 경우들도 있었습니다(이 문제는 다음 장에서 다시 다루도록 하겠습니다). 진짜 바울의 편지들이 늦어도 기원후 60년경 이전에 만들어졌다면 '제 2 바울 서신'Deutero-Pauline은 상당히 나중에, 1세기 후반, 심지어 2세기에 나온 것으로 추정됩니다. 이 서신들에서 바울은 교회의 설립자일 뿐만 아니라 교회에 형태와 질서를 부여하는 인물입니다. 당시 교회 지도자들('주교들')은 바울에게서 자신들의 권위를 끌어냈습니다. 그리고 이 서신들에는 바울이 지도자들에게 전해 주었으며 그들이 옹호해야만 했던 전승의 집합체, 2세기 저자들에게는 전형적으로 나타나지만 정작 바울에게서는 뚜렷하게 찾아볼 수 없는 어떤 생각, '신앙'이라 부를 수 있는 어떤 것이 담겨 있습니다.

　신약의 나머지 서신들도 대부분 이와 같은 가명의 글입니다. 다만 히브리인들에게 보낸 편지는 예외지요. 뒤에서 살펴보겠지만 초대 교회의 구성원 중 많은 이는 히브리인들에게 보낸 편지를 바울의 저작으로 보았고, 제임스 흠정역 성서는 여전히 '사도 바울이 히브리인들에게 보낸 편지'라는 제목을 씁니다. 그러나 이 편지의 서두는 그 어떤 저자의 이름도 담고 있지 않습니다. 3세기 초 신학자인 오리게네스 Origen(185~254)도 이 편지의 문체가 바울의 것과 너무나 달라서 바울이 쓴 것으로 볼 수 없다고 이야기했습니다. 사실 히브리인들에게 보낸 편지의 특징을 감안한다면 이 글에 '서신'이라는 명칭을 붙이는 것도 적절하다고 볼 수는 없겠지요. 글의 말미(13장 22절)에서 편지의 관례를 일부 따르기는 하지만, 이 글은 편지라기보다는 짧은 논문에 가깝습니다. 오랜 기간 사람들은 이 글의 저자를 복음서 저자 루가로 추정했고 최근에는 바울의 친구이자 동료인 아볼로로 보는 이들도 있습니다. 요한, 베드로, 야고보의 서신들과 동일하게 히브리인들에게 보낸 편지도 2세대의 문서라는 점에서 바울의 저작들과 대비됩니다. 요한의 둘째·셋째 편지는 구체적인 상황(교회 질서의 와해)에 관해 이야기하는 진짜 서신으로 보이지만, 다른 편지들은 바울이 편지 형식에 부여한 권위 때문에 인위적으로 이 형식을 취한 것으로 보입니다.

구약의 연대 정하기

그리스도교가 등장하고 2,000년이 흐른 오늘날 관점에서 보면 신약성서 중 어떤 문서가 기원후 50년에 나왔는지 70년, 혹은 90년에 나왔는지 따지는 것은 시시콜콜한 논쟁처럼 보일 수도 있겠습니다. 정확한 진실이 무엇이건 이 저작들은 예수 시대와 충분히 가까우므로 그리스도교인들이 주의를 기울이는 것이 마땅하다고 느껴질지도 모르지요. 그러나 40년 또는 50년이라는 시간 동안 막대한 변화가 일어날 수 있으며, 신약의 가장 초기 문서(데살로니카인들에게 보낸 첫째 편지)와 이후에 등장한 문서들(디도에게 보낸 편지, 베드로의 둘째 편지 등)을 비교해 보면 그리스도교 신앙과 충실함의 본질에 관한 이해에 중요한 변화가 있었음이 드러납니다. 하지만, 신약 문서들의 저술 연대는 분명 짧지요. 구약으로 시선을 돌리면 훨씬 장대한 기간을 다루어야 하며, 훨씬 다양한 유형의 문헌들을 만나게 됩니다.

예언서

논의의 출발점으로는 예언서가 적절하겠습니다. 예언자들은 읽고 쓸 줄 알았을 것입니다. 이사야, 예레미야, 에제키엘 등 많은 예언자는 학식 있는 계층 출신이었고 뒤의 두 사람은 제사장이었습니다. 그러나 이들은 자신의 연설과 발언을 기록하기보다는 구두로 전했을 것입니다. 예레미야가 자신의 비서 바룩을 시켜 하느님의 계시를 받아 적도록 하는 장면(예레 26)은 범상치 않은 상황처럼 보입니다. 그렇다면 예언서는 어떤 과정을 거쳐 우리 앞에 놓이게 되었을까요? 일반적인 대답은, 예언자의 제자들이 그의 여러 발언을 외우고 있다가 구두로든 문자로든 자신들의 제자들에게 전달했고 마침내 이러저러한 예언자의 발언집이 만들어졌다는 것입니다.

그러나 전달 과정에서 많은 부분이 변형되거나 유실되었을 수 있습니다. 예언서를 살펴보면 예언자 본인이 말했을 것 같지 않은 구절들이 여럿 있습니다. 시대와 일치하지 않는 발언들이 그 대표적인 예입니다. 아모스는 무너진 다윗 가문, 다시 말해 히브리의 남쪽 왕국인 유다 왕조의 영광된 복원을 예언하면서 끝나는데(9:11~15), 아모스에서 축복을 약속하는 구절은 이것이 유일합니다(이 책의 나머지 부분은 극도로 음울하지요). 중요한 점은 이 구절이 다윗 가문의 몰락을 전제 한다는 것입니다. 아모스가 살던 당시에 이는 사실이 아니었 으며, 유다 왕국은 다윗의 자손 우찌야(웃시야)의 통치 아래 번성하는 국가였지요. 대다수 학자는 아모스의 후대 제자(혹 은 예언서 편집자, 둘 중 누구인지는 알기 어렵습니다)가 '행복한 결 말'을 위해 계시를 덧붙였다고 봅니다.

예언자의 말을 편집한 가장 극단적인 경우는 이사야입니 다. 예언자 이사야는 아모스가 활동하던 시기와 크게 차이 나지 않는 기원전 8세기에 활동했습니다. 그렇지만 이사야 는 유대인들이 느부갓네살에 의해 포로가 되어 바빌론으로 갔다가 60년 혹은 70년 뒤인 기원전 530년대에 귀향을 허락 받고 폐허가 된 예루살렘 성전을 재건한 기원전 6세기를 전 제하는 내용을 매우 많이 담고 있습니다. 그래서 19세기 말 이래 학자들은 포로기의 역경을 다룬 이사야 40~55장을 '제 2 이사야', 귀향과 재건 이후 덧붙여진 세 번째 부분인 56~66 장은 '제3 이사야'라고 부릅니다. 게다가 책의 나머지 부분 (1~39)에서도 실제 이사야가 활동하던 시대보다 한참 뒤 시기 를 암시하는 구절이 많이 등장합니다. 이를테면 24~27장 중 많은 부분은 제2 이사야나 제3 이사야보다 나중 시대의 이야 기일지도 모르지요. 결론적으로 이사야는 여러 예언을 모은 복잡한 선집이며, 이 가운데 일부는 진짜 이사야의 것이지만 나머지는 후대에 저술되었습니다. 이사야 본인의 저작을 보존하고 여기에 살을 붙인 이사야 '학파'가 있었을까요? 몇몇 연구자들은 그렇다고 봅니다. 다른 연구자들은 이사야와 특별한 연관은 없고 예레미야, 에제키엘 등 다른 예언서 편집에도 참여한 편집자들이 지금과 같은 형태의 이사야를 만들어 냈다고 봅니다. 이 책들 모두 예언자가 실제로 활동했던 시대까지 거슬러 가지 않는 부분을 꽤 많이 담고 있기 때문이지요.

예언서에서 해당 예언자가 진짜로 말한 부분과 그렇지 않은 부분을 가려내는 일은 구약학에서 가장 어려운 과제이며 이것이 정말로 몰두할 만한 가치가 있는지는 언제나 약간의 의구심이 생깁니다. 종교의 관점에서는 예언자가 직접 남긴 발언이 아니더라도 여전히 경전의 일부라고 말할 수 있지요. 그리고 문학의 관점에서는 비평가들의 작업을 거쳐 남겨진 미심쩍은 단편들보다는 지금과 같은 모습의 이사야를 연구하는 편이 더 좋다고 생각할 수 있습니다. 그러나 이사야라는 이름을 가진 진짜 그 사람에 관해 알고 싶다면 이 같은 분석 외에는 대안이 없습니다. 게다가 훌륭한 연구 성과들이 보고되고 있습니다. 그중 하나가 제2 이사야를 발견해 낸 것입니다. 제2 이사야는 그 자체로 창조, 유일신론, 고통이라는 주제에 관한 구약의 논의에서 가장 중요한 부분이라 할 수 있습니다.

지금까지 살펴본 내용에서 우리는 또 다른 내용을 도출해낼 수 있습니다. 앞서 이야기했듯 책을 쓰는 것과 책을 모으는 것은 구별됩니다. 하나의 책을 쓰는 것과 여러 책을 모아 하나의 총서를 만드는 것은 완전히 다른 일이지요. 그러나 고대 이스라엘의 문헌에 관해서라면(그리고 복음서도) 두 활동 사이의 경계선이 훨씬 더 유동적입니다. 문자 그대로의 의미만 생각하면 이사야는 아무것도 '쓰지' 않았을지도 모르지요. 오늘날 우리가 그가 무슨 말을 했는지 아는 것은 그의 제자들 덕분입니다. 그러나 여러 해에 걸쳐, 어쩌면 몇 세기에 걸쳐 내용이 덧붙여졌기 때문에 이사야를 간단하게 제자들의 저작이라고 말할 수는 없습니다. 이사야 본인보다는 제2 이사야와 제3 이사야가 저자라는 단어의 의미에 걸맞은 사람들이었을지도 모릅니다. 이들의 발언 또한 제자들의 작업을 통해 알려지게 된 것일 수도 있지만 말이지요. 완결된 이사야서를 편찬하는 작업은 저술보다는 편집 과정에 가깝습니다. 그렇지만 편집자들은 이사야서가 단순한 선집이 되지 않도록 자료를 배열하고 논평을 삽입하는 방식으로 자신의 독특한 생각을 보탰습니다. 이는 다음 장에서 성서의 책들을 여러 부류로 모으는 방식을 검토할 때 중요해지므로 잘 기억해 둘 필요가 있습니다. 책을 편찬하고 모으는 일과 책을 쓰는 일은 오늘날처럼 명확하게 구별되지 않았습니다.

서기관과 '지혜 문학'

지금까지 살펴보았듯 예언서의 저자가 실제로 누구였는지는 정확히 알 수 없습니다. 다만 학자들은 제자들, 당연하지만 읽고 쓸 줄 아는 제자들이 저자일 것이라고 추정합니다. 그러나 서기관, 즉 생계를 위해서 프리랜서로 활동한 이, 혹은 국가나 종교 기관에 고용된 이로서 글을 쓴 식자층이 저자였을지도 모르지요. 당시 다른 문화권에는 이와 관련된 전문직이 있었고, (제2 천년기 무렵 이집트와 메소포타미아의 국가들에서 발달한) 공무원 조직의 상당수는 서기관이었습니다. 물론 구약의 경우에는 이와 관련된 많은 논의는 어디까지나 추정입니다. 우리는 구약이 저술되었다는 사실은 알아도, 누가 구약을 썼는지는 (거의) 알지 못합니다.

전문 서기관의 작품으로 가장 유력한 후보는 잠언입니다. 어떤 사람들은 '솔로몬의 잠언'이라는 선집이 정말로 솔로몬 시대까지 거슬러 올라간다고 생각하지요. 그들에 따르면 이

책에 담긴 지혜 전승은 솔로몬의 궁정에서 시작했고 궁정의
서기관들이 이를 발전시켰습니다. 분명 잠언 같은 책은 이집
트와 메소포타미아에서도 발견되며 일부는 학식 있는 서기
관들이 작성한 것으로 보입니다. 이처럼 잠언의 일부도 궁정
에서 나왔을 것이라고 추정할 수 있습니다.

> 네가 높은 사람과 함께 앉아 음식을 먹게 되거든,
> 너의 앞에 누가 앉았는지를 잘 살펴라.
> 식욕이 마구 동하거든, 목에 칼을 대고서라도 억제하여라.
> 그가 차린 맛난 음식에 욕심을 내지 말아라.
> 그것은 너를 꾀려는 음식이다. (잠언 23:1~3)

하지만 어떤 것들은 평민의 지혜를 담고 있지요.

> 의인은 집짐승의 생명도 돌보아 주지만,
> 악인은 자비를 베푼다고 하여도 잔인하다.
> 밭을 가는 사람은 먹을 것이 넉넉하지만,
> 헛된 것을 꿈꾸는 사람은 지각이 없다. (잠언 12:10~11)

이러한 잠언은 (일반적인 의미에서) 저자가 없습니다. 그러나

전문 서기관들이 이를 수집했을 수는 있습니다. 잠언의 내용은 이처럼 삶에 관한 일반적 성찰을 들려주고 있어서 고전 히브리어를 썼던 거의 모든 시기, 구체적으로 기원전 1100년부터 300년까지 어느 시기든 잠언의 수집 연대가 될 수 있습니다. 그러므로 본질상 잠언들이 언제 만들어졌는지 그 연대는 정확히 알 수 없다고 보아야 하겠습니다. 그리고 잠언도 예언서만큼 여러 판본을 거쳤으리라고 생각할 이유가 충분하지요.

서사

구약의 절반은 서사 혹은 넓은 의미의 역사서로 이루어져 있습니다. 오경에 대해서는 앞에서 짤막하게 논의한 바 있지요. 대다수 성서 연구자들은 오경이 원자료들을 엮어서 만든 문헌이라는 고전적인 이론을 지지하지만 모든 사람이 이에 동의하지는 않습니다. 그러나 이 문헌이 한 번에 처음부터 끝까지 저술되지 않았으며 복합물이라는 점, 여러 편집 단계를 거쳤다는 점에는 거의 모든 사람이 동의합니다. 아래와 같은 구절을 보면 단 한 명의 저자가 쓴 일관된 저작이라는 생각을 하기 어렵습니다.

모세는 아론과 나답과 아비후와 이스라엘의 장로 일흔 명과 함께 올라갔다. 거기에서, 그들이 이스라엘의 하느님을 보니, 그 발 아래에는 청옥을 깔아놓은 것 같으며, 그 맑기가 하늘과 꼭 같았다. 주님께서는 이스라엘의 지도자들을 손으로 치지 않으셨으므로, 그들이 하느님을 뵈며 먹고 마셨다. 시나이 산에서 사십 일을 보내다 주님께서 모세에게 말씀하셨다. "너는 내가 있는 산으로 올라와서, 여기에서 기다려라. 그러면 내가 백성을 가르치려고 몸소 돌판에 기록한 율법과 계명을 너에게 주겠다." 모세가 일어나서, 자기의 부관 여호수아와 함께 하느님의 산으로 올라갔다. 올라가기에 앞서, 모세는 장로들에게 일러 두었다. "우리가 여러분에게 돌아올 때까지 여기에서 우리를 기다리고 있으십시오. 아론과 후르가 여러분과 함께 있을 것이니, 문제가 있는 사람은 누구든지 그들에게로 가게 하십시오." 모세가 산에 오르니, 구름이 산을 덮었다. 주님의 영광이 시내 산 위에 머무르고, 엿새 동안 구름이 산을 뒤덮었다. 이렛날 주님께서 구름 가운데서 모세를 부르셨다. 이스라엘 자손의 눈에는 주님의 영광이 마치 산꼭대기에서 타오르는 불처럼 보였다. 모세는 구름 가운데를 지나, 산 위로 올라가서, 밤낮 사십 일을 그 산에 머물렀다. (출애 24:9~18)

아주 흐릿한 렌즈를 통해 이 장면을 바라보면 모세가 하느님과 어떻게 만났는지를 대략적으로는 알 수 있습니다. 하지만 자세히 들여다보면 문제는 달라집니다. 이를테면 저 대목을 영화로 만들려 하면 서술에 일관성이 없음을 알게 되지요. 모세는 산에 몇 번 올랐을까요? 그사이에 산에서 내려온 적이 있을까요? 모세와 함께 있던 이는 누구고 "이스라엘 자손"은 어디에 있었을까요? 이 본문과 유사한 본문들을 세심하게 연구한 이들은 두 명 이상의 '저자'들이 아마도 같은 이야기를 다른 방식으로 서술했고 후대의 편집자가 이를 한데 결합했다고 보았습니다. 하지만 저자들 중 누구의 정체도 밝혀지지 않았지요.

여호수아부터 열왕기하에 이르는 역사서들의 연구는 활발하게 이루어졌고, 역대기상·하, 에즈라, 느헤미야도 마찬가지입니다. 여호수아부터 열왕기하까지는 기원전 6세기의 포로기에 저술, 편찬되었습니다. 대다수 학자는 이스라엘 민족이 가나안 땅에 성공적으로 정착한 뒤 다윗과 솔로몬의 제국을 거쳐 바빌론 유수라는 재앙을 맞기까지의 쇠망을 설명하고 묘사하고자 해당 책들을 썼다고 이야기합니다. 이를 위해 저자 혹은 편찬자들은 (열왕기하 21장 25절에 나오는 "유다 왕조실록"이나 열왕기상 11장 41절이 언급하는 "솔로몬 왕의 실록" 등) 왕

실의 공식 연표부터 유명한 전설들까지 기존 자료를 광범위하게 활용했고, 일관된 연대 배열에 자료들을 끼워 넣으면서 이스라엘의 운명에 관한 다양한 신학적 주장을 담아냈습니다. 역대기상·하는 이 이야기의 많은 부분을 포로기 이후(기원전 5세기)의 관점에서 다시 서술하는 반면, 에즈라와 느헤미야는 포로기 이후 재건에 관한 단편적 설명들을 보존하고 있어서 기원전 5세기 말 혹은 4세기보다 앞선 문헌은 아님이 분명합니다.

여호수아에서 열왕기하까지의 경우는 저자의 정체에 관한 단서가 있는 듯합니다. 이 저작들의 신학적 주제 중 상당수는 신명기의 견해와 가까운데, 신명기는 기원전 7세기에 최종 형태를 갖춘 것으로 보이는 율법 선집으로 이 역사서들과는 1세기도 차이가 나지 않습니다. 이러한 이유로 성서 연구자들은 여호수아부터 열왕기하에 이르는 역사서를 '신명기 역사'Deuteronomistic History라고 부릅니다. 역사서의 저자 혹은 편찬자들이 신명기 편찬자들과 밀접한 관계라는 가설을 정당화하는 것이지요. 그리고 학자들은 율법을 집행하거나 가르치는 집단, 즉 예언자, 제사장, 전문 서기관 등이 저자 혹은 편찬자일 것이라고 추정합니다.

저자가 있는 작품

마지막으로 구약성서에는 바울 서신과 같은 의미에서 저자가 있다고 말할 수 있는 책이 몇 권 있습니다. 이 책들은 한 사람의 저자가 하나의 주제를 가지고 자유롭게 쓴 것입니다. 상상 속 인물들에 관한 짧은 이야기인 룻기와 요나는 편집의 흔적이 거의 없습니다. 이들은 일정한 의도를 가지고 쓴 허구적 작품으로 보이며 짐작건대 바빌론 유수 한참 뒤에 쓰였을 것입니다. 전도서는 "코헬렛"Qoheleth(제임스 흠정역에서는 "설교자"preacher)의 저작이라 말하고 있는데, 더 이른 시기의 격언들을 종종 인용하고 있기는 하지만 아마 사실일 것입니다. 욥기의 경우 서막과 결말의 산문(1~2, 42:7~17)과 운문으로 된 나머지 대화(3:1~42:6)가 서로 다른 저자의 작품이라는 일반적 견해가 참이라면 일종의 복합물이라 할 수 있겠습니다. 그러나 대화 자체는 한 명의 창의적인 저자에게서 나온 창작물이며 이전의 단편들을 모은 것이 아닙니다. 이 대화 또한 기원전 5세기보다 앞서 나오지는 않았습니다.

결론: 뒤얽힌 이야기

앞서 이야기했지만 이 책은 성서 전체를 포괄하는 안내서가 아닙니다. 어떤 책들은 언급하지 않았고, 이론적인 부분은 간략하게만 언급했습니다. 저는 이중의 목적을 가지고 지금까지의 내용을 서술했습니다.

1. 저는 이 모든 책이 저작으로 확립되기까지의 복잡한 과정을 보여 주고자 했습니다. 어떤 책은 한 사람이 쓰거나 적어도 한 사람이 구술한, 처음부터 하나의 완결된 글이었습니다. 가장 분명한 예는 바울 서신들이지만, 룻기나 전도서 같은 구약의 몇몇 책도 여기에 포함됩니다. 한편 어떤 책들은 모자이크와 같아서 흩어져 있던 단편들을 한데 모아 만들어졌습니다. 오경도 어느 정도는 이러한 과정을 거쳤으나 더 좋은 예는 잠언이지요. 이 두 극단 사이에 있는 대다수 책은 한 명 혹은 여러 명의 편집자가 구전으로든 기록으로든 이미 존재하던 자료를 활용해 비교적 일관된 저작을 쓴 경우이며 이 중 일부는 편집의 흔적이 보이지만 그럼에도 일관성이 있습니다. 신명기 역사에 해당하는 책들이 그 전형적인 예이며 복음서도 마찬가지입니다. 최종 편집자가 자신이 입수한 자료들을 일관된 방식으로 가공했기 때문에, 복음서들은 원자료를 모두 어느 정도 공유하고 있으면서도 각각의 독특한 성격을 가집니다. 복음서를 자세히 연구하고 나면,

출처를 밝히지 않은 어떤 복음서 구절을 보고도 이것이 어떤 복음서에서 나왔는지 단번에 알 수 있지요. 이는 복음서 저자들이 우리가 생각하는 '저자'는 아니더라도, 이전 시대의 원자료에서 발견한 내용을 그대로 옮겨 적는 필사자 이상의 역할을 했음을 뜻합니다.

2. 앞서 암시했듯 성서를 만들어 낸 문화권에서 글을 쓰는 것과 글을 모으는 것 사이에는 분명한 구별이 없었다는 점을 강조하고 싶습니다. 하느님이 '성서 저자'들에게 영감을 불어넣었다고 하는 성서 영감설은 이와 같은 역사적 상황에 적용하기는 어렵습니다. 실제 저자는 몇 명에 불과하고 나머지는 편찬자라는 주장을 하려는 것이 아닙니다. 당시 저술은 일종의 편집이었다는, 혹은 어떤 이들의 경우 편집이 자신이 알고 있던 유일한 저술 방식이었다는 말입니다. 잠언의 '저자'는 자신의 주장을 전달하기 위해 물려받은 자료를 적절한 순서로 배열하는 등 어느 정도 창의적으로 작업을 했지만, 오늘날 기준으로 편집자에 가깝습니다. 이에 견주면 오경의 '편집자'는 이질적인 자료들을 완결된 전체로 결합한 창의적인 '저자'였지요.

3. 성서 세계에서는 오늘날 우리가 당연시하는 어떤 구별을 당연시하지 않았습니다. '서기관'이나 '저술가'를 의미하는 히브리어 말 '소페르'ܣܘܦܪ는 오늘날의 '저자', '저술가' 같은 단어보다 한결 넓은 의미를 지녔습니다. 어쩌면 좀 더 좋은 번역어는 '비서'secretary일지도 모르지요. 영국의 공무원 조직에서 국무장관Secretary of State은 자신의 업무를 돕는 공무원인 보좌관Private Seretary을 거느리고 있고, 국무장관과 보좌관 모두 비서secretary, 즉 그들의 서류를 처리하고 그들의 발언을 기록하는 사람을 거느리고 있습니다. 히브리어 '소페르'가 이와 거의 동일한 범위(다른 사람이 작성한 문서를 깔끔하게 베끼는 잡무를 하는 사람부터, 자신의 말을 받아쓰는 비서가 있어서 글자 그대로 직접 '쓰는' 일은 드문 어떤 사람까지)를 뜻합니다. 게다가 오늘날의 '저자'에 가까운 저술가와, 파피루스의 주름을 펴고 잉크를 혼합하는 데 능숙한 사람이라는 뜻의 저술가를 구별할 방법이 없습니다. 그리스 로마 세계에서도 이를 구별하기는 했지만, 오늘날과 비교하면 느슨한 것이었지요.

다음 장에서는 자료를 수집해 책을 만드는 단계를 넘어서, 책을 수집해 더 큰 모음집을 만드는 단계를 살펴볼 것입니다. 하지만 그 전에 이처럼 경계가 불분명한 상태에 관한 생각을 머릿속에 확고하게 둘 필요가 있습니다.

03
책을 모으다

성서라는 모음집이 확립되었다는 사실은 고대 이스라엘이나 초대 교회에 많은 책이 있었음을 알려 줍니다. 하지만 이러한 설명만으로는 불충분합니다. 이 책들을 수집해 '선집'이 되려면 일련의 과정을 거쳐야 합니다. 앞서 이야기했듯 성서는 문자 그대로 여러 책을 하나로 묶은 '선집'이며 여러 장이 모여 하나의 소설을 이루듯 여러 책이 모여 성서 한 권을 이룹니다.

먼저 우리는 고대 세계의 책 제작 방식이 우리가 아는 것과는 사뭇 달랐음을 기억해야 합니다. 고대 그리스나 로마와 마찬가지로 고대 이스라엘에서 사람들은 긴 파피루스 혹은 가죽의 한쪽 면에 기록했고 이를 말아서 두루마리를 만들었지요. 파피루스 양쪽 끝에는 단단한 나무 막대 즉 '권축'rollers을 달아서, 한 손에 한 축씩 잡고 한쪽 끝에서 다른 쪽 끝으로 말기 쉽게 만들었습니다. 글은 축과 평행한 아주 좁은 세로 단을 이루도록 배열되었습니다. 한 두루마리가 담을 수 있는 내용은 이사야 정도의 분량이었습니다.

이러한 조건에서 선집 혹은 모음이라는 것은 문헌들을 한 권으로 묶어 낸 것이 아니라 말 그대로 모아 둔 것을 의미했습니다. 과거에 '성서'The Bible는 한 권의 책 제목이 아니라 소규모 서고를 가리켰을 것입니다('바이블'bible이라는 영어 단어는 '비블리아'βιβλία라는 그리스어 단어에서 나왔는데, 이는 복수형으로 '책들'을 뜻합니다). 오늘날 유대교 회당은 이러한 고대 모습을 간직하고 있습니다. (창세기에서 신명기까지를 일컫는) 모세 오경은 지금도 두루마리 다섯 개에 기록해서 '성궤'ark라 불리는 장에 보관했다가 안식일마다 예배 중 독서를 위해 꺼냅니다. 그러나 평소에는 그리스도교인들처럼 한 권, 또는 하나의 '코덱스'codex로 된 성서를 씁니다.

표지 두 장과 책등으로 싸여 평평하게 제본된, 우리가 간단히 책이라고 부르는 코덱스는 고대 세계에서 기원후 1세기경에 등장했으며, 이 형식과 그리스도교 사이에는 아직 완전히 설명되지는 않았지만 긴밀한 관계가 있습니다. 복음서와 서신들이 두루마리 형태로도 남아 있기는 하지만, 그리스도교인들은 아주 초기부터 자신들의 경전을 위해 코덱스 형식을 수용했고, 오래지 않아 구약도 코덱스에 기록하기 시작했습니다. 유대인들과 구별되고자 하는 욕구가 이러한 관습의 동기 중 하나였는지도 모르지요. 다른 그럴듯한 동기는, 이들이 복음서를 잘 다듬어진 문학 '작품'으로 간주하기보다는 설교자가 예수 이야기를 되풀이할 때 참조할 기록 정도로 생각했기 때문에, 당시 사람들이 공책처럼 여기던 코덱스를 받아들였다는 것입니다. 우리가 얇은 종이에 인쇄된 가죽장정 성서 대신 스프링 제본된 공책에 복음서를 휘갈겨 써서 지니는 것과 비슷하다고 볼 수 있겠습니다. 이유가 무엇이었든 이는 그리스도교인들이 자신들의 거룩한 책을 모을 수 있게 되었음을 뜻하며, 그것도 책을 방 한 칸에 어떤 순서대로 저장하는 방식이 아니라 한 권 혹은 몇 권의 코덱스에 연속해서 적는 방식을 따르게 되었음을 뜻합니다(따라서 성서의 책들의 순서에 관한 물음은 유대교보다는 그리스도교의 경우에 더 쉽게 답할 수 있겠지요). 이 차이를 유념하고서, 이제 그리스도교와 유대교에서 어떻게 이런저런 문헌들로 이루어진 선집을 만들어 냈는지를 살펴보려 합니다.

"모세"

바빌론 유수 즈음, 앞서 신명기 역사라고 부른 책들, 즉 역사서인 여호수아, 판관기, 사무엘상·하, 열왕기상·하의 한두 가지 판본이 만들어졌습니다. 신명기 역사처럼 이스라엘의 역사를 서술하다가 신명기 역사 시작점 부근에서 끝나는 오경과 신명기 역사의 관계에 관해서는 의견이 엇갈립니다. 19세기 말부터 20세기 중엽까지 우세했던 오래된 주장에 따르면 오경은 사실 원래 육경Hexateuch, 즉 여섯 권으로 된 선집이었습니다(그리스어 '헥스ἕξ'는 '여섯'을 뜻하지요). 이 이론에 따르면 여호수아는 본래 신명기의 후속편이며 이스라엘 백성이 여호수아의 지휘를 받아 약속된 땅에 최종적으로 정착함으로써 창세기에서 하느님이 히브리 족장들에게 한 약속이 실현되는 과정을 기록했습니다. 이 육경은 이스라엘이 의기양양하게 팔레스타인 땅을 손에 넣으면서 끝나는, 긍정적이고 낙관적인 작품이었을 것입니다.

좀 더 최근의 학자들은 여호수아가 신명기 역사에서 빠져서는 안 될 부분이라고 여기면서 신명기 또한 신명기 역사의 일부로 일종의 서막 역할을 한다고 봅니다. 신명기는 사람들이 하느님의 축복을 누리기 위해 지켜야 할 율법과 요구 사항이 무엇인지, 이를 묵살했을 때 어떤 운명을 맞을지 명시

함으로써 역사서가 시작되는 배경을 설정합니다. 역사서 저자가 보기에 이 끔찍한 예견은 바빌론 유수로 실현되었고 이에 이스라엘 민족의 역사를 신명기의 경고가 이루어지는 과정처럼 보이게 만들려고 노력했습니다. 신명기의 핵심 부분은 유수 이전에도 존재했겠지만, 뒷부분에 나타나는 축복과 저주(신명 28~30) 등 많은 내용을 역사서 저자가 덧붙였을 것이며, 신명기뿐 아니라 역사서 전체의 도입부처럼 보이는 신명기 1~3장의 역사적 서막도 마찬가지일 것입니다. 이 두 번째 입장에 따르면, 본래는 창세기, 출애굽기, 레위기, 민수기로 이루어진 사경Tetrateuch(그리스어 '텟타라'τέτταρα는 '넷'을 뜻합니다)이 있었고 이는 모세의 죽음으로 끝났습니다.

한 가지 기이한 점은 어떤 식으로 배열하든 유대교에서 확립한 규범과 일치하지는 않는다는 사실입니다. 적어도 기원전 4세기 이래 유대인들은 히브리 성서의 역사서가 창세기, 출애굽기, 레위기, 민수기, 신명기의 모세 오경과, 조금 혼란을 줄 수 있는 이름이지만 '예언서'라 불린(이에 관해서는 뒤에서 다루겠습니다) 책 네 권, 즉 여호수아, 판관기, 사무엘, 열왕기(본래 사무엘과 열왕기는 상·하 두 권으로 나뉘지 않았지요)로 이루어진다고 생각했습니다. 여기에는 두 가지 동기가 작용한 것으로 보입니다. 우선 유대인들은 모세의 가르침과 생애, 업적을 그린 책들을 하나로 묶고자 했습니다. 당시까지 사람들은 시편을 다윗이 썼고 지혜로운 잠언을 솔로몬이 썼다고 믿었듯 모든 율법은 모세의 손을 거쳤다고 믿었습니다. 같은 맥락에서 신약은 오경을 "모세"라는 이름으로 부르곤 하지요(루가 16:29~31, 24:27, 사도 15:21). 당시 유대인들에게 이 선집은 모세의 죽음으로 마무리되는 것이 자연스러워 보였을 것입니다.

또 다른 동기는 바빌론 유수라는 경험과 관련이 있는 것으로 보입니다. 자신의 땅을 잃은 민족에게 (일부는 그곳에 재정착하도록 허락받았다 해도) 여호수아의 낙관적 분위기는 공허하게 다가갔을 수도 있겠지요. 유대교의 토대를 이루는 위대한 문헌을 아직 약속받은 땅에 닿지 못한 모세의 죽음으로 마무리함으로써, 유대인들은 남의 땅에서 포로이자 거류민으로 지낸 자신들의 경험을 암시했는지도 모르겠습니다.

이러한 이유로, 혹은 어떤 이유로든 유대교인들은 모세 오경을 여호수아, 판관기 등으로 이어지는 이야기의 시작에 불과한 것이 아니라 유대 신앙과 삶의 정수가 담긴, 독립적이고 완결된 저작으로 보았습니다. 기원전 5세기 에즈라 시대쯤부터 유대인들에게 오경 또는 '토라'Torah(히브리어로 율법, 가르침, 안내 등을 뜻하며, 이 모두가 토라의 요소들입니다)는 자신들의 정체성의 중심이었습니다. 권위와 거룩함에 있어 토라에 견줄 책은 아무것도 없었지요. 다음 장에서 토라의 지위에 관해 더 자세히 논의할 것입니다. 일단 지금은 이 책이 하나의 모음을 이루었다는 것, 한 묶음에 속한 다섯 두루마리가 언제나 함께 보관되었다는 것을 기억하면 충분하겠습니다.

최초의 그리스도교인들은 당연히 유대인이었습니다. 짐작건대 이들도 다른 유대인들처럼 토라를 중심 문헌으로 간주했겠지요. 그러나 머지않아 다른 사고방식이 나타났습니다. 기원후 2세기경에 이르면 그리스도교인들은 더는 오경과 다른 경전들 사이에 엄청난 차이가 있다고 보지 않았으며, 그 결과 신명기와 여호수아 사이에 단절이 있다고도 생각하지 않게 되었습니다. 어떤 그리스도교인 저자들은 창세기부터 출애굽기, 레위기, 민수기, 신명기, 여호수아, 판관기, 사무엘, 열왕기까지 아홉 책을 가리켜 '구경'Enneateuch(그리스어 '엔네아'ἐννέα는 '아홉'을 뜻합니다) 같은 단어를 썼습니다. 그리스도교인들은 자신들의 신앙의 중심에 율법이 아닌 그리스도가 있다고 생각했기 때문에 모세 오경에 특별한 위상을 부여할 필요를 느끼지 못했습니다. 오히려 그들은 여호수아의 그리스어 이름이 '예수스'Ἰησοῦς, 즉 '예수'라는 단순한 이유로 여호수아를 더 중시했습니다. 순전히 우연일지라도 예수의 이름을 제목으로 단 책을 2급으로 격하할 수는 없었으니까요. 바울은 여전히 '모세와 예언서들', '율법과 예언서들'을 언급하며 복음서가 묘사하는 예수도 이들을 언급합니다. 그러나 2세기가 되면 이는 예전만큼 흔하지는 않은 일이 되었습니다. 그리스도교인들은 관습처럼 이를 이야기했을 뿐 어떤 의미를 두고 이러한 구별을 드러내지는 않았습니다.

이 같은 변화의 요인 중 하나는 교회의 대다수 구성원이 히브리어를 쓰는 유대인에서 그리스어를 쓰는 비유대인으로 바뀌었다는 사실입니다. 그리고 신약 시대에 팔레스타인 바깥에 사는 많은 유대인들과 팔레스타인에 사는 일부 유대인들은 그리스어를 제1 언어로 썼습니다. 이 때문에 유대교 경전은 그리스어 번역본이 있었지요. 전설에 따르면 이집트의 통치자 중 한 명인 프톨레마이오스 필라델포스Ptolemy Philadelphus(기원전 285~246)는 토라를 그리스어로 번역하도록 명령했습니다. 그는 이를 읽으면서 유대인 신민들의 율법에 관한 자신의 견해를 가다듬고 토라 한 부를 유명한 알렉산드리아의 도서관에 소장하려 했지요. 70명(또는 72명)의 번역자가 작업에 착수해서 그리스어판을 내놓았고, 그래서 이 번역을 '70인역'Septuagint, LXX(라틴어 '셉투아긴타'septuaginta는 '70'을 뜻합니다)이라 부릅니다. 실제로는 그리스어를 사용하는 유대인, 그 가운데서도 이집트 유대인들이 그리스어판 경전을 필요로 했으며, 70인역은 기원전 4세기경부터 기원전 1세기경까지 오랜 기간에 걸쳐 나온 번역들로 이루어졌습니다. 그리스어 성서는 히브리 경전보다 많은 책을 포함하지만 모두 유대교에 그 뿌리를 두고 있습니다. 초기 그리스도교인들이 알고 있던 성서, 그들이 언급한 성서는 바로 이 70인역이었습니다. 이는 바울도 마찬가지입니다. 그는 히브리어에 정통했지만 그리스어로 글을 썼고 그리스어로 된 구약을 인용했습니다.

'율법과 예언서들'

신약 시대 유대교에서는 성서를 오경과 나머지 책들로 구분해 '율법과 예언서들'이라고 표현했으며, 이는 복음서에서도 분명하게 찾을 수 있습니다(마태 7:12, 11:13). '예언서'는 우리가 흔히 사용하는 것보다 넓은 의미를 지닌, 두루뭉술한 말입니다. 앞에서 살펴보았듯 이 말은 오늘날 예언서로 간주하는 이사야, 예레미야는 물론이고 역사서까지 아우르는 말입니다. 꽤 오랜 시간이 흐른 뒤 사람들은 이사야 등의 예언서를 후기 예언서라고 부름으로써, 우리가 지금까지 신명기 역사(여호수아부터 열왕기하까지)라고 일컬었던 전기 예언서와 구별했습니다. 여기에서 '전기', '후기'는 단순히 성서 두루마리 목록에서 '첫 번째에 있는 것', '두 번째에 있는 것'을 뜻합니다. 아마 도서관이나 서재에서 두루마리를 보관하는 방식도 이와 같았을 것입니다. 그런데 시편이나 욥기와 같은 책들을 '예언서'라고 부르는 경우도 있습니다. 당시 유대인들은 거룩하지만 오경에는 속하지 않는 책은 무엇이든 '예언서'라고 부른 듯합니다. 말하자면 신약 시대 유대교에서는 거룩한 책을 두 부류(가장 거룩한 토라와 나머지 책들)로 나누었습니다.

신약의 몇몇 구절은 성서를 세 가지로 분류하기도 했음을 암시합니다. 루가의 복음서 24장 44절에는 "율법과 예언서와 시편"이라는 표현이 나오는데 이때 "시편"은 예언서들과 일부 다른 책들을 구별하기 위해 쓴 말, 율법과 예언서와 견주었을 때 낮은 위상을 지닌 책들을 가리키기 위해 쓴 말로 보입니다. 그러나 기원후 1세기의 자료들은 대체로 성서를 두 가지 범주로 나누었다고 말합니다. 기원전 2세기 문헌인 집회서(시라의 아들 예수의 지혜)는 '율법서와 예언서와 그 외의 다른 저서들'을 언급하지만, 여기에서 '그 외의 다른 저서들'은 실제 '다른 저서들', 즉 성서가 아닌 서적들을 가리키는 말로 보입니다.

하지만 결국 유대교는 세 번째 범주를 받아들였습니다. '예언서'는 역사서 네 권(여호수아, 판관기, 사무엘, 열왕기), 그리고 엄밀한 의미의 예언서 네 권(이사야, 예레미야, 에제키엘, 짧은 열두 예언서)만을 가리켰고, 그 외에 오경에 속하지 않는 책은 모두 건조하게 성문서라고만 불렀습니다. 이 같은 구분은 주로 연대순에 기초하는 것 같습니다. 성문서는 히브리 성서 중 후대의 책들이기 때문이지요. 따라서 역대기, 에즈라, 느헤미야가 초기 역사서들과 구별되어 성문서에 속하며, 시편, 잠언, 욥기는 물론이고 유대교 축제에서 낭송하는 다섯 두루마리, 곧 룻기, 전도서, 아가, 에스델, 애가도 여기에 포함됩니다. 그리스도교의 관점에서는 다니엘을 성문서로 분류했다는 점이 놀랍게 보일지도 모르겠습니다. 초기에는 유대교에서도 이 책을 예언서로 취급했다는 증거가 있으나 이제 더는 그렇게 하지 않습니다. 이렇게 해서 히브리 성서는 가장 중심에 토라, 그 주변에 (방금 규정한 의미의) 예언서, 바깥 가장자리에 성문서가 자리한 세 개의 동심원과 같은 체계를 이루게 되었습니다.

그리스도교인들의 생각은 이와 전혀 달랐지요. 그들에게는 '경전'이라는 한 범주만이 존재했고, 그 안에서 주제나 형식에 따라 책을 배열했습니다. 따라서 그리스도교인들이 받아들인 그리스어 성서는 맨 앞에 역사서 전체, 즉 오경, '전기 예언서'(그리스어 성서에서 이렇게 부르지는 않았습니다), 역대기, 에즈라, 느헤미야, 에스델에 덧붙여 히브리 성서에서는 인정하지 않는 토비트, 유딧이 느헤미야와 에스델 사이에 배치되었습니다(1장 참조). 그 뒤에 시서詩書, poetic books, 즉 시편, 잠언, 욥기, 전도서가 놓였고, 유대교에서 경전으로 인정하지 않는 지혜서, 집회서가 포함되었습니다. 마지막으로는 '예언서'가 놓였지요. 이사야, 예레미야, 예레미야가 지었다고 알려진 애가, 바룩, 에제키엘, 그리스도교에서는 예언서로 인정받은 다니엘, 그리고 열두 편의 '소예언서'(짧은 예언서) 순이었습니다. 그리스도교 코덱스 내에서의 순서는 조금씩 차이가 있지만 기본적인 형식은 이렇습니다.

열두 예언서

짧은 열두 예언서(호세아, 요엘, 아모스, 오바디야, 요나, 미가, 나훔, 하바꾹, 스바니야, 하깨, 즈가리야, 말라기)는 히브리 성서에서 열두 예언서The Book of the Twelve라는 한 권으로 묶였고, 그리스어 성서에서는 다함께 '소예언서'로 분류되었습니다. 이 저작들은 각기 다른 시기에 나왔지만, 이들을 하나로 취급하는 과정에서 개별 문헌들을 변형하고 일정한 내용을 덧붙였다는 증거가 있습니다. 이를테면 요엘과 아모스는 나란히 붙어 있으면서도 저작 연대는 200년가량 차이가 나는데, 이 둘은 꽤 장황한 신탁(요엘 2:16, 아모 1:2)을 비롯한 몇 가지 공통점을 보입니다. 어떤 이들은 말라기는 본래 단독 저작이 아닌 즈가리야에 부가된 내용이었는데 12라는 숫자를 맞추기 위해 별도의 예언서로 지위를 격상시켰다고 주장하기도 합니다('말라기'는 '나의 전령'이라는 뜻인데 이는 즈가리야를 가리키는 말이었는지도 모릅니다. 물론 '말라기'라는 히브리 이름도 성립할 수 있지요). 어느 정도 예상할 수 있듯 그리스어 성서에서 열두 책의 순서는 필사본마다 판이합니다.

복음서

네 편의 복음서는 각각 어떤 특정 지역의 교회에서 예수의 삶과 가르침을 설명하는 권위 있는 글로 세상에 나왔을 것입니다. 초기 그리스도교 저자들은 최초의 복음서인 마르코의 복음서가 로마 교회와 관련이 있다고 말합니다. 그리고 마태오의 복음서는 시리아에서, 루가의 복음서는 (지금의 터키에 해당하는) 소아시아에서, 요한의 복음서는 에페소에서 형성되었다고 알려져 있습니다. 이러한 형성 단계의 복음서에는 제목이 없었을 것입니다. 하지만 마르코의 복음서 첫 문장 "하느님의 아들 예수 그리스도에 관한 복음(그리스어 '에우앙젤리온' εὐαγγέλιον, 즉 '좋은 소식')의 시작"은 사실상 제목 역할을 하지요. 대다수 그리스도교인은 자신들의 교회 이외의 다른 교회에서 다른 복음서를 읽는다는 사실을 알지 못했을 것입니다. 기원후 1세기 말부터 2세기 초 그리스도교인들이 복음서의 관계를 어떻게 인식했느냐는 문제는 여전히 신비에 싸여 있습니다. 그리스도교 저자들은 복음서를 인용하곤 했지만, 자신이 인용하는 복음서가 어떤 복음서인지, 이 복음서에 담긴 정확한 표현은 무엇인지 거의 신경을 쓰지 않았으며, 보통 기억에 의존해 인용한 것으로 보입니다.

그러나 150년경 변화가 일어났습니다. 첫 번째 분명한 증거는 리옹의 주교 이레네우스Irenaeus(130~200)의 저작에 나타납니다. 이레네우스는 복음서가 네 가지 있다고 처음으로 이야기하며, 네 가지 바람, 네 가지 방위, 요한의 묵시록에 나타나는 네 가지 생물(4:9), 하느님이 인류와 맺은 네 번의 언약covenant을 언급하면서 이것이 올바르고도 유일하게 가능한 숫자임을 길게 논증합니다. 이처럼 억지스러운 추론은 복음서가 몇 가지인지 정말로 모르는 사람을 설득하기에는 턱없는 논증이므로, 이레네우스가 이미 네 복음서를 당연하게 여겼음을 짐작할 수 있습니다. 이는 이레네우스 시대에 적어도 그리스어를 말하는 프랑스 남부 교회들에서는 네 복음서가 이미 '정경'으로 읽혔음을 시사합니다. 오래 지나지 않아, 이집트 알렉산드리아에서 활동한 교사이자 그리스도교 철학자 클레멘스Clement(150~215)가 요한의 복음서와 다른 세 복음서를 비교하면서, 다른 복음서(공관 복음)는 지상의 관점을 보여 주지만 요한의 복음서는 영적인 관점을 보여 준다고 평합니다. 클레멘스 또한 지금 우리가 가진 것과 같은 네 편의 복음서를 기정사실로 받아들였던 것이지요. 초대 교회에는 다른 많은 복음서가 알려져 있었으나 그중 네 복음서보다 앞선 문헌은 없었던 것으로 보입니다. 다만 토마스의 복음서(도마복음)Gospel of Thomas(1945~46년 이집트에서 발견된, 예수의 발언이라고 주장하는 말들의 모음으로 이야기 구조가 없습니다) 일부 단편은 예외일 수 있습니다.

그러므로 네 복음서는 기원후 2세기 어느 시점에 수집되었으리라고 추측해 볼 수 있습니다. 모든 교회가 네 복음서를 모두 가지고 있었다는 뜻은 아닙니다. 이 복음서들을 모두 알지 못하는 교회들도 이 복음서들을 존중했다는 뜻입니다. 복음서들을 모으며 사람들은 이들에 이름을 붙여 구별할 필요를 느꼈습니다. 가장 초기 필사본들에 따르면 당시 그리스도교인들은 '마르코가 전한', '요한이 전한'과 같은 표현을 써서 이 문제를 해결했습니다. 그때까지만 해도 '복음서'라는 말은 책 제목으로 쓰이지 않았습니다. 당시까지 복음서는 특정 종류의 책을 가리키는 이름이 아니었던 것으로 보입니다. 그때까지 마르코의 복음서는 그저 '마르코가 이야기한 좋은 소식'을 뜻했습니다. 순교자 유스티누스Justin Martyr(100~165)는 이 책들을 '복음서들'이라고 부르기를 의도적으로 피했습니다. 아마도 이 말이 두 개 이상의 '좋은 소식'이 있음을 암시하는 것처럼 들렸기 때문일 것입니다. 그러나 이 말을 사용하기를 의도적으로 기피했다는 사실은 그 자체로 당시 사람들이 '복음서들'을 그러한 의미로 사용하고 있었음을 알려 줍니다. 그리고 이레네우스는 '복음서들'이라는 말을 별다른 고민 없이 사용합니다. 서서히 오늘날처럼 '복음서'라는 말을 쓰게 된 것이지요.

네 복음서의 순서(그리스도교인들은 오래지 않아 경전을 코덱스로 만들기 시작했으므로 말 그대로 순서를 논할 수 있지요)는 그리스도교가 확립된 시대에 접어들고도 한동안 일정하지 않았습니다. 이레네우스는 복음서를 여러 순서로 나열하는데, 이 가운데 어떤 것도 우리가 아는 순서와 같지 않습니다. 당시 그리스도교인들은 다양한 기준을 적용해 순서를 정했습니다. 마태오와 요한의 복음서는 사도들이 쓴 것이라 하여 앞에 두고, 마르코와 루가의 복음서는 '아포스톨리키'apostolici, 즉 '사도들의 제자들'이 쓴 것이라 하여 뒤에 배치하기도 했습니다(마르코는 베드로가 그에게 이야기한 것을 기록했으리라 추측되고, 루가는 바울과 동행했지요. 다시 말해 둘 중 누구도 예수를 직접 보지 못했습니다). 현대의 성서학자들은 복음서 가운데 사도가 쓴 것은 없다고 생각하지만, 고대 세계의 모든 이는 마태오와 요한의 복음서를 사도들이 썼다고 생각했습니다. 저술 연대를 추정하여 나열한 경우도 있습니다. 카이사리아의 에우세비우스Eusebius of Caesarea(260~340)는 교회의 역사를 기록한 최초의 역사가인데, 저술 연대를 근거로 네 복음서를 우리에게 익숙한 순서(마태오, 마르코, 루가, 요한)대로 나열했습니다.

바울의 편지들

바울 서신들의 모음은 사도 바울로부터 두어 세대 후, 즉 복음서 모음과 거의 비슷한 시기까지 거슬러 올라가는 듯합니다. 순서는 역시 다양합니다. 다만 당시 그리스도교인들은 서신의 길이를 주로 고려했던 것으로 보입니다. 교회에 보낸 서신은 우리가 알고 있는 순서와 거의 같습니다. 즉, 로마인들에게 보낸 편지, 고린토인들에게 보낸 두 편지, 갈라디아인들에게 보낸 편지, 에페소인들에게 보낸 편지, 필립비인들에게 보낸 편지, 골로사이인들에게 보낸 편지, 데살로니카인들에게 보낸 두 편지 순입니다. 간혹 히브리인들에게 보낸 편지를 바울 서신으로 간주한 경우에는 (분량에 따라) 로마인들에게 보낸 편지 다음에 두곤 했지요. 그다음으로 개인에게 보낸 편지들이 디모테오에게 보낸 두 편지, 디도에게 보낸 편지, 필레몬에게 보낸 편지 순으로 배열됩니다. 고린토인들에게 보낸 두 편지와 데살로니카인들에게 보낸 두 편지의 경우, 분량에 따라 배열하다 보니 두 편지 간에 연대순은 뒤집혔을지도 모릅니다. 각각의 경우 본문은 직접적으로 어떤 편지를 먼저 썼는지 알려 주지 않으며 고린토인들에게 보낸 둘째 편지는 바울이 고린토 교회에 편지를 여러 번 보냈음을 암시합니다. 갈라디아인들에게 보낸 편지가 분량이 더 긴 에페소인들에게 보낸 편지보다 항상 앞에 놓인다는 점은 다소 의아합니다. 어떤 학자들은 에페소인들에게 보낸 편지로 시작하는 선집이 먼저 있었고 여기에 로마인들에게 보낸 편지, 고린토인들에게 보낸 두 편지, 갈라디아인들에게 보낸 편지가 더해졌다고 추정합니다. 어떤 학자는 최초의 바울 서신 선집을 필레몬에게 보낸 편지에 등장하는 노예 오네시모가 만들었다고 이야기하기도 하지요. 오네시모는 바울의 교회에서 (주교와 비슷한 의미의) '감독'이 되었던 것 같습니다.

혹자는 지역 교회의 특수한 문제들을 다루는 바울의 편지(필레몬에게 보낸 편지가 그 대표적인 예입니다)들을 모은 동기를 궁금해할 것입니다. 골로사이인들에게 보낸 편지에는 (진짜 바울이 쓴 것은 아니겠지만) 내용을 조금 벗어난 언급이 하나 있는데, 이에 따르면 바울은 자신의 편지들을 여러 교회에서 읽기를 바랐습니다.

> 여러분이 이 편지를 읽고 나서는 라오디게이아(라오디게아)
> 교회도 읽게 해주시고, 또 라오디게이아 교회를 거쳐서 가
> 는 내 편지도 꼭 읽어주십시오. (골로 4:16)

당시 교회는 이 원칙을 일반화하여 바울의 모든 편지를 하나의 복합 문서로 만들고, 이를 그리스도교인 일반이 관심을 가져야 할 것으로 여겼을 수도 있습니다.

신약의 나머지 책들

우리가 가진 성서 인쇄본에서는 요한의 복음서 뒤에 사도행전, 그 뒤에 바울의 서신들이 오고 그다음 '가톨릭'('일반적인' 혹은 '보편적인'을 의미합니다) 서신 혹은 '공동' 서신인 야고보의 편지, 베드로의 두 편지, 요한의 세 편지, 유다의 편지가

나옵니다. 하지만 초기 몇 세기 동안 교회에서 이 순서는 일반적이지 않았습니다. 당시 성서는 바울 서신이 아닌 공동 서신 앞에 사도행전이 나왔습니다. 복음서와 바울 서신이 각각 하나의 묶음을 이루고 사도행전 및 공동 서신이 세 번째 묶음을 이룬 것이지요. 이에 따라 그리스도교의 신약은 히브리 성서처럼 세 개의 주요 부분으로 나뉘었고, 이 부분들은 별개의 코덱스로 만들어지기도 했습니다. 일부 필사본에서는 요한의 묵시록이 홀로 네 번째 부분이 되어 대칭을 깨뜨리는 경우도 있지만 말입니다.

사도행전은 저자의 본래 의도가 성서 배열 때문에 어그러진 흥미로운 사례입니다. 사도행전 서두에서 밝히고 있다시피(사도 1:1) 저자는 본래 루가의 복음서를 어떤 저작의 1권으로 하고 사도행전을 2권으로 삼으려 했습니다. 그러나 제가 아는 한, 두 책을 나란히 놓은 필사본은 하나도 없습니다. 초기 교회에서는 사도행전을 언제나 바울 서신 이외의 서신들과 함께 세 번째 범주에 넣었습니다. 그 결과 초기 그리스도교 저자들은 루가의 복음서에 견주었을 때 사도행전을 그다지 자주 인용하지 않았지요. 예배에서 성서 독서를 하는 경우에 루가의 복음서는 복음서이기 때문에 사도행전보다 훨씬 더 중요했습니다. 공동 서신도 길이에 따라 순서가 정해

졌는데, 다만 베드로의 편지들과 요한의 편지들은 저자별로 묶인 다음 각각의 모음 안에서 길이순으로 배열되었습니다.

누가 경전들을 모았을까?

2장에서 누가 성서를 썼는지 살폈다면 이제는 누가 성서를 모았는지 살필 차례이지요. 이 두 번째 물음은 첫 번째 물음 못지않게 복잡합니다. 유대교와 그리스도교가 경전을 모으고 전파한 과정은 대단히 복잡하고 다양했습니다.

토라, 즉 모세 오경을 하나로 모아 단일 저작("율법의 5분의 5")으로 간주한 데는 꽤 그럴듯한 이유가 있습니다. 이 책들을 '토라'라고 불렀다는 사실로부터 우리는 그 동기를 알 수 있습니다. 분명 오경은 서사의 성격을 띠고 온갖 내용을 담고 있습니다. 하지만 후대 유대인들에게 오경은 다른 무엇보다도 유대인으로서 올바른 삶을 살도록 지침을 주는 책이었습니다. 그러므로 이 책들은 오늘날 '랍비'rabbi라고 불리는 이들 혹은 율법가들처럼 유대인의 삶을 규율하는 임무를 맡은 사람들이 모았을 것입니다. 부차적이지만 중요한 또 하나의 동기는, 전례 중에 엄숙하게 읽을 수 있도록 하기 위해서였습니다. 전례에서 오경을 읽는다는 것은 오경이 도덕적 지침으로 중요한 역할을 한다는 것을 전제로 하지만, 각별한 관심을 기울이고 정확성을 중시하는 문헌이 되었다는 점, 두루마리 형태로 형식이 확정되었다는 점에서 그 자체로도 중요합니다.

유대교에서 다른 책들은 오경과 같은 역할을 하지 않으며, 이 책들을 어떻게 수집하고 마침내 예언서와 성문서라는 두 범주로 나누었는지는 추정만 할 수 있을 뿐입니다. 이 구별은 신약이 저술되고 얼마 뒤에 나타난 것으로 보이는데(신약에는 이러한 구별이 없습니다), 토라 이외의 책들을 전례에서 쓰는 방식과 연관이 있을 것으로 보입니다. 고대에 기원을 두는 유대교 회당의 규칙에 따르면 매주 정해진 오경 독서 다음에는 제2 독서를 합니다. 제2 독서 시에는 성문서가 아닌 예언서의 본문만 읽어야 하지요. 제2 독서 성구집('하프타라',הפטרה)은 아주 오랜 시간 동안 고정되어 있었기에, 이 규칙이 경전 구분에 반영되었다고 보는 편이 그 반대의 경우보다는 타당합니다.

다시 말해 예언서는 성구집에 본문 일부가 포함되는 책들이고, 성문서는 그렇지 않은 것입니다. 그리고 보편적이지는 않지만, 성문서에 속한 책들은 보통 예언서에 속한 책들보다 나중에 저술되었습니다(예언서에 포함된 즈가리야는 짐작건대 성문서에 포함된 시편보다 나중에 지어졌습니다). 그러나 고대 유대인들이 어떤 책들이 다른 책들보다 오래되었다는 사실을 알았는지는 의심스럽습니다. 확실한 결론은 이 두 선집을 어떻게 모았는지 그 구체적인 과정을 우리는 모른다는 것뿐입니다.

복음서가 수집된 과정 또한 수수께끼입니다. 각 복음서가 특정 교회에 속했고, '좋은 소식'의 각 지역판과 다름없는 것이었다면, 서로 다르고 종종 일관성이 없는 네 증언을 '복음서'로 인정하게 된 것은 중대한, 어쩌면 충격적이기까지 한 변화였을 것입니다. 뒤에서 살펴보겠지만 일관성이 없는 네 개의 설명을 받아들인다는 것은 이들 중 어떤 것에도 절대적인 권위를 부여하지 않는다는 것을 뜻합니다. 각각의 복음서는 다른 복음서 이야기를 수정할 힘을 갖고 있는 것입니다.

복음서를 넷으로 확정한 것에 대한 반발도 있었습니다. 마르키온Marcion(?~기원후 160)은 그 대표적인 예입니다. 그는 루가의 복음서만이 참된 복음서라고 주장했고 (자신이 생각하는) 참된 그리스도교에 걸맞기 위해서는 불온한 부분들을 도려내야 한다고 주장했습니다. 이를 통해 우리는 당시에 이미 복음서들이 널리 읽혔음을 알 수 있습니다. 앞서 언급했듯 마르키온과 동시대 사람인 순교자 유스티누스는 요한의 복음서 이외 공관 복음에 해당하는 복음서들을 모두 인용했으며 복음서들의 양립 가능성이라는 문제에 대해서는 별다른 이의를 제기하지 않았습니다. 이는 기원후 2세기 초 교회들은 복음서들, 혹은 최소한 공관 복음을 일관성 있는 문서 모음으로 널리 인정했음을 짐작할 수 있게 해 줍니다. 이렇게 되기까지 많은 논란이 있었던 것 같지는 않습니다.

곰곰이 따져 보면, 교회가 중요하게 여기는 사건과 가르침에 관한 설명을 네 가지 판으로 지니고 있다는 것은 놀랍고도 기이한 일이지요. 이 같은 현실에 대한 마르키온의 반대는 그의 계승자들을 거치며 잦아들었지만, 몇몇 초기 그리스도교 저자들은 네 개의 일관성 없는 복음서들보다 단일하고 균질화된 복음서가 더 낫겠다고 생각했습니다. 이러한 움직임이 잘 드러난 가장 유명한 예는 타티아누스Tatian의 저작입니다. 150~60년쯤 그는 『디아테사론』Diatessaron, 즉 '네 복음서 발췌 합본'을 만들어 냈는데, 동방의 일부 교회는 이를 극찬했으며 네 편의 복음서라는 선집이 그 권위를 인정받은 뒤에도 많은 그리스도교인이 이 복음서를 계속 사용했습니다. 불일치하는 내용을 모두 제거하고 모든 이야기와 가르침을 한 책으로 통합한 '네 복음서 발췌 합본'은 오늘날에도 몇몇 그리스도교인들이 쓰고 있습니다.

바울이 골로사이 교회 구성원들에게 자신의 편지를 라오

디게이아 교회와 함께 읽고 그 반대로도 하라고 권고한 것이 사실이라면, 그의 서신을 한데 모은 것은 바울의 뜻에 기초한다고 볼 수 있겠지요. 어떤 학자들은 바울이 자기 편지를 '출판'했다고, 편지를 여러 부 만들어서 자신이 세운 모든 교회가 돌려보도록 했다고 주장하기도 합니다. 이는 바울 생전에 이루어지지는 않았더라도 바울 사후 오래지 않아 현실이 되었을 가능성이 큽니다. 목회 서신 같은 제2 바울 서신이 만들어졌다는 사실로 미루어 보았을 때, 당시 그리스도교인들은 바울이 썼다고 알려진 편지들을 읽고 이들을 소중히 여겼을 것입니다.

마르키온은 나름의 바울 서신 선집을 만들었는데 그가 이 선집을 생각해 낸 최초의 인물은 아닌 것으로 보입니다. 그가 편지에서 탐탁지 않은 부분들을 삭제했다는 사실을 염두에 둔다면 그가 (그리고 그의 파괴 행위를 비난한 이들이) 더 온전한 형태의 편지들을 알고 있었다는 추측이 가능하기 때문입니다. 물론 당시 그리스도교인들이 '바울 서신'을 어느 수준까지 단일 저작으로 취급했는지, 각 서신의 차이를 어디까지 인식했으며 이에 얼마나 주목했는지 알지는 못합니다. 다만 분명히 말할 수 있는 것은 편지들이 선집을 이루게 된 일이 (어쩌다 보니 같은 방에 보관되었다든가 하는 식으로) 우연은 아니었

지만, 그렇다고 우리가 아는 형태로 곧장 확립되지도 않았다
는 것입니다. 고대 세계의 선집들은 우리가 아는 것보다 더
다양했고 더 일관성이 없었습니다.

04

책에서 경전으로

경전이란 무엇인가?

성서에 관한 오래된 생각 중 하나는 하느님이 이 책을 특정 시점 혹은 여러 시점에 고대 이스라엘 백성과 초대 교회라는 두 공동체에게 주셨다고 보는 것입니다. 이에 따르면 성서를 이루는 책들은 언제나 하느님 백성의 경전, 하느님에게 영감을 받아 저술된 거룩한 책입니다. 그렇다면 이 장의 제목인 '책에서 경전으로'는 거의 무의미한 이야기가 되겠지요.

그러나 지금까지 다룬 이야기를 고려한다면 성서를 이루는 책들은 다양한 시대, 다양한 맥락에서 여러 사람의 손을 거쳐 나왔습니다. 여기서 하느님의 계시는 특정 순간, 공간, 사람으로 한정될 수 없습니다. 하느님이 당신의 백성에게 경전을 주셨다면 그 방식은 인간의 저술 과정을 통해서였을 수밖에 없습니다. 이는 성서를 이루는 책들이 처음부터 '경전'으로 탄생하지는 않았으며 일정 시간, 혹은 기나긴 시간을 거치며 '경전'으로 받아들여지게 되었음을 뜻합니다. 처음에 이 책들은 그냥 책이었습니다.

처음부터 특별한

물론 성서를 이루는 책들이 처음에 단순한 책으로 시작했다는 것을 인정하는 것은 중요하지만, 이를 과장해서는 안 됩니다. 첫째, 공적인 중요성을 갖도록 하기 위해 신중하게 구상된 책들이 구약과 신약 모두에 있습니다. 이를테면 신명기는 모세가 죽기 직전 요르단 강 건너편 모압 땅에서 이스라엘 부족들에게 남긴 말임을 밝힙니다. 이는 처음부터 신명기가 특별한 권위를 지닌 책으로 의도되었음을, 단순한 재미를 주기 위한 책이 아니었음을 뜻합니다. 처음부터 신명기는 유대교와 그리스도교 경전에 속할 만한 중요성을 지니고 있었습니다. 이 책은 자신이 경전임을 의식합니다. 다른 목적으로 구상되었을 가능성이 큰 구약의 다른 책들과 비교해 보면 이는 좀 더 명확해집니다. 대부분의 학자는 아가가 수준 높은 연애시 모음으로 탄생했고, 나중에야 유대교(그리고 그리스도교)에서 시에 등장하는 연인들을 하느님과 이스라엘(그리스도교에서는 예수와 교회)의 우의적 표상으로 간주해 경전으로 받아들였다고 봅니다. 또 다른 예로, 잠언은 대부분 하느님이 아닌 어떤 인간 교사의 현명한 가르침이라고 스스로 말합니다. 이를 성스러운 계시로 대하는 것은 본래 의도를 재해석한 것이지요.

신약에 속한 여러 책도 인간이 만든 문서로 탄생했다고 쉽게 주장할 수 있습니다. 바울의 서신들은 분명 자신이 편지를 쓴 교회라는 특정 상황을 염두에 두고 쓴 논평과 지침입니다. 필레몬에게 보낸 편지의 경우 특히 그렇습니다. 뒤에서 좀 더 살펴보겠지만, 필레몬에게 보낸 편지가 성공적으로 경전이 되기는 했어도 이 편지가 처음부터 경전으로 간주되었다고 볼 수는 없습니다. 다른 한편 공관 복음과는 달리 요한의 복음서는 경전을 자처하는 듯합니다. 이는 창세기 1장 1절을 상기함으로써 자신이 곧 신약의 창세기라고 주장하는 것 같은 첫머리("태초에 '말씀'이 계셨다")에 잘 드러납니다. 적어도 요한의 복음서는 저자가 고유한 관점을 가지고 예수의 삶을 장엄하고 신중하게 해설하기 위해 쓴 듯하며, 단순한 일화 모음으로 보이는 것을 가능한 한 피했습니다. 그러므로 어떤 책들은 처음부터 경전으로서의 중요성을 내포했다고 말할 수 있겠습니다.

특별한 선별

두 번째로는, 구약과 신약을 이루는 책들이 이스라엘과 초대 교회가 보유하고 있던 문헌의 전부라면 성서를 결정하면서 당시 이스라엘과 교회가 가진 세속 문헌과 종교 문헌 모두를 성서에 넣었다고 보는 것이 합리적일 것입니다. 교회는 종교 집단이므로 종교 문헌만을 지니고 있어도 이상하지 않겠지만, 이스라엘 민족이 보유하고 있던 모든 문헌이 종교적인 주제만을 다루지는 않았을 테니까요. 하지만 이스라엘과 초대 교회는 차차 성서를 이루게 된 책들 말고도 많은 책을 보유하고 있던 것으로 보입니다. 교회는 성서를 이루는 문서들보다 훨씬 많은 문서를 보유했고, 이 중 상당수가 오늘날 발견되었습니다. 3장에서 언급한 토마스의 복음서를 비롯한 이집트 나그함마디 문서는 그 대표적인 예입니다. 고대 이스라엘의 경우, 구약 본문에서 지금은 없어진 많은 책(야살서(야살의 책, 2사무 1:18), 이스라엘 왕조실록(2열왕 15:26), 유다 왕조실록(2열왕 16:18))을 언급합니다. 구약과 신약에 속한 책들은 사람들이 '거룩하다'고 인정한 책들이며, 단순히 우연히 있게 된 책들과는 분명 다릅니다. 5장에서 살펴보겠지만 이는 반드시 특정한 사람이 기나긴 경전 후보 목록에서 의도적으로 이 책들을 선별했음을 뜻하지는 않습니다. 물론 성서에 속한 책 대부분을 유대인, 혹은 그리스도교인은 처음부터 경전으로 받아들인 듯합니다. 이 책들은 모두 탁월함의 측면에서 널리 인정받았습니다. 유대인과 그리스도교인은 아무렇게나 놓여 있는 아무 책이나 집어다가 '성서'라고 부르지 않았습니다.

따라서, 우리가 논의하는 책들이 경전이 '되었다'는 사실은 중요한 진리를 담고 있으나, 어떤 책이 이러한 지위를 누리게 될 것인지가 순전히 열린 물음이었다고 생각해서는 안 됩니다. 어떤 책들은 처음부터 중요성을 지니게 될 것을 염두에 두고 저술되었습니다. 오경과 예언서는 하느님으로부터 영감을 받아 쓰였다고 본문 안에서 말하고 있으며, 최소한 요한의 복음서는 처음부터 그리스도교 경전으로 구상되었습니다.

지금까지 '경전'이라는 말을 계속 사용했지만 이 말이 무엇을 뜻하는지 정의하지는 않았지요. 이 장에서는 어떤 책을 '경전'이라고 부르는 것이 무엇을 함축하는지, 고대 세계에서는 이러한 책을 어떻게 읽었는지를 살피려 합니다. '경전'에 대한 적절한 정의는 S. Z. 레이만S. Z. Leiman이 제시한 바 있습니다.

> 유대교 경전은 종교적 관행 그리고(혹은) 가르침과 관련해 권위가 있다고 유대인들이 받아들였으며, 그 권위가 모든 세대의 유대 민족에게 구속력을 갖는 책들이다.

이는 그리스도교 경전에도 마찬가지로 적용할 수 있습니다. 이 정의가 함축하는 바를 드러내기 위해 지금부터는 경전을 읽는 방식이 일반 책을 읽는 방식과 어떻게 다른지 이야기해 보겠습니다. 어떤 책이 다음의 특징 중 일부, 혹은 전부를 지니고 있다면 그 책은 사람들이 경전으로 여기고 있다고 보아도 무방할 것입니다.

1. 인용

어떤 책을 경전이라고 주장하려면 먼저 다른 책들이 그 책을 어떤 식으로 언급하는지를 관찰해야 합니다. 신약 저자들은 구약을 빈번하게 인용하면서 "성서에도 이런 말씀이 있습니다", "성서의 말씀대로" 같은 정형화된 표현을 씁니다(로마 3:10, 11:8, 갈라 4:30). 초기 그리스도교 저자들은 신약에 속한 책들을 인용할 때 위와 같은 표현을 함으로써 그 책들이 동등하게, 혹은 비등하게 경전의 위상을 지니고 있다는 자신의 생각을 드러냈습니다. 이처럼 경전은 이런저런 주장에 권위를 부여하기 위해 인용할 수 있는 책입니다. 일단 인용하면 그 자체로 주장은 힘을 얻습니다.

이를 기준으로 놓고 본다면 그리스도교의 시대가 시작할 즈음, 혹은 직후부터 유대인, 혹은 초기 그리스도교인들은 구약에 속한 거의 모든 책을 경전으로 인정했고 기원후 3세기 즈음 대다수 그리스도교인은 신약에 속한 거의 모든 책을 경전으로 받아들였습니다. 이때 증거가 없다는 이유로 어떤 책을 경전으로 간주하지 않았다는 결론을 내려서는 안 됩니다. 이를테면 신약이 에스델을 인용하지 않았다고 해서, 혹은 순교자 유스티누스 같은 2세기 저자가 요한의 복음서를 인용하지 않았다고 해서 이 책들이 경전으로 대우받지 않았다고 이야기할 수는 없습니다. 우리는 이를 알 수 없습니다. 현재 성서에 속해 있지만 과거에도 경전으로서 위상을 지니고 있었는지 확실하게 입증되지 않은 몇몇 책이 있는가 하면, 성서에 속하지 않았는데도 과거에는 성서에 속한 책과 대등한 위상을 지니고 인용된 책들도 있습니다. 유다의 편지

1장 14~15절에서 에녹 1서를 인용한 부분은 그 대표적인 예입니다.

> 이런 사람들을 두고 아담의 칠대손 에녹은 이렇게 예언하였습니다. "보아라, 주님께서 수만 명이나 되는 거룩한 천사들을 거느리고 오셨으니, 이것은 모든 사람을 심판하시고, 모든 불경건한 자들이 저지른 온갖 불경건한 행실과, 또 불경건한 죄인들이 주님을 거슬러서 말한 모든 거친 말을 들추어내서, 그들을 단죄하시려는 것이다." (유다 1:14~15)

유다의 편지는 에녹 1서를 하느님의 영감을 받은 예언서이자 경전처럼 대하는데 현재 이 책은 에티오피아어로만 남아 있습니다. 혹자는 이를 두고 주변부에 있는 책이 주변부에 있는 다른 책을 인용한 사례에 불과하다고 말할 수도 있겠지요. 하지만 바울 서신과 히브리인들에게 보낸 편지는 히브리 경전에 포함되지 않은 솔로몬의 지혜를 기꺼이 인용합니다 (다른 외경들과 달리 지혜서는 히브리어를 그리스어로 번역한 책이 아니라 처음부터 그리스어로 쓴 책입니다). 그리스도교 교회에서는 점차 구약 중 지혜서를 가장 중요한 책으로 여겼으며 바울이 이 책을 경전으로 여겼다는 점을 의심할 이유는 없어 보입니다. 복음서가 기록한 예수의 말 중 하나는 집회서 구절을 활용한 것처럼 보이지만 통상 이런 책을 인용할 때 쓰는 정형화된 표현은 없습니다.

> 수고하며 무거운 짐을 진 사람은 모두 내게로 오너라. 내가 너희를 쉬게 하겠다. 나는 마음이 온유하고 겸손하니, 내 멍에를 메고 나한테 배워라. 그리하면 너희는 마음에 쉼을 얻을 것이다. (마태 11:28~29)

> 네 목에 지혜의 멍에를 씌워라. 그리고 네 마음에 지혜의 가르침을 받아라. 지혜는 바로 네 곁에 있다. 눈을 바로 뜨고 보아라. 내가 얼마나 적은 노력으로 큰 평화를 얻었는가를! (집회 51:26~27)

신약 시대에 경전으로 간주한 책들의 목록과 오늘날 구약의 목록이 정확히 일치하지는 않을 것입니다. 물론 일치하는 부분이 훨씬 더 크지요. 구약의 90퍼센트 이상은 논란의 여지 없이 경전으로 받아들여졌고, 이와 동등한 대우를 받은 저작은 매우 드물었습니다.

성서가 아주 오랜 시간에 걸쳐 형성된 탓에 생겨난 대단히 흥미로운 현상은 성서에 속한 한 책이 성서의 다른 책을 인용하는 것입니다. 신약이 구약을 인용하는 것은 놀랍지 않지만 구약 내에서 또는 신약 내에서 이루어지는 인용을 처음 보게 되면 예상치 못했다는 생각이 들지요. 신약에서 나중에 저술된 책 중 하나인 베드로의 둘째 편지는 바울 서신에 관해 이야기하면서 이를 이미 경전으로 간주하고 있는 것처럼 보입니다.

> 그러나 그중에는 이해하기 어려운 대목이 더러 있어서 무식하고 마음이 들떠 있는 사람들이 성서의 다른 부분들을 곡해하듯이 그것을 곡해함으로써 스스로 파멸을 불러들이고 있습니다. (2베드 3:16)

구약에서는 열왕기하 14장 6절과 에제키엘 18장 20절에서 신명기 24장 16절("자식의 잘못 때문에 아비를 죽일 수 없고, 아비의 잘못 때문에 자식을 죽일 수 없다")을 인용합니다. 열왕기상 22장 28절에서는 미가의 첫머리인 "만민들아, 들어라"(미가 1:2)를 인용합니다(이믈라의 아들 미가야가 모레셋 사람 미가와 동일인이라고 생각한 것으로 보입니다).

2. 원저자

경전의 두 번째 특징은 원저자입니다. 원칙상 모든 경전은 구원의 역사에서 중요한 위치에 있는 인물이 쓴 것으로 간주됩니다. 신약 시대에는 성서의 모든 책을 예언자가 썼다는 인식이 일반적이었습니다. 그래서 기원후 1세기 말에 활동한 유대인 저자 플라비우스 요세푸스Flavius Josephus는 모든 경전이 아르타크세르크세스Artaxerxes(5세기 말경 에즈라가 살던 때 페르시아 왕을 가리키는 듯합니다) 시대 이전에 저술되었다고 말합니다. 그 이후로도 유대인의 역사에 관한 책은 계속 저술되었지만 "예언자들이 빈틈없이 계승하지 못했으므로, 앞선 기록들과 동일하게 인정받을 만한 가치는 없"다고 생각했습니다. 이 시기 유대인들은 다윗과 솔로몬도 예언자로 여겼으며(따라서 시편과 잠언은 모두 경전이지요), 모세는 당연히 탁월한 예언자였습니다.

신약의 경우, 많은 그리스도교인은 어떤 책이 경전이려면 사도가 쓴 것이거나 최소한 사도를 알았던 이가 쓴 것이어야 한다고 생각했습니다. 마태오와 요한의 복음서는 실제로 마태오와 요한이 썼다고 생각했고 마르코와 루가의 복음서는 각각 베드로와 바울의 동료 마르코와 루가가 썼다고 여겼습니다. 모든 공동 서신은 야고보, 베드로, 요한, 유다(예수를 배신한 유다와 동명이인입니다) 등 사도가 썼다고 자처하지요.

여기서 살펴야 할 문제는 두 가지인데 하나는 분명하고 다른 하나는 조금 불분명합니다. 분명한 문제는 기원후 1세기 말경 구약이나 신약을 읽은 이들은 원저자와 관련된 주장들이 사실인지 아닌지를 검증할 수 있는 어떠한 증거도 갖고 있지 않았다는 것입니다. 몇 세기 동안 주의 깊게 본문을 연구한 오늘날에도 디모테오에게 보낸 두 편지를 진짜 바울이 썼는지 아닌지를 확실하게 말할 수 없습니다. 쓰지 않았다는 견해가 훨씬 더 많은 지지를 받고 있지만 말입니다. 때때로 초기 그리스도교 저자들도 원저자와 관련해 의심스러운 지점이 있음을 알아차렸습니다. 이를테면 오리게네스는 히브리인들에게 보낸 편지의 문체가 바울의 문체와 다르다는 이유로 이 문서는 바울이 쓰지 않았다고 주장했습니다. 그러나 오리게네스는 이례적으로 탁월한 학자였지요. 당시 대다수 저자는 옛 책들의 원저자에 대한 주장이 참인지 거짓인지 알지 못했습니다.

두 번째로 살필 문제는 저자의 정체성을 바탕으로 책에 권위를 부여하는 방식은 두 가지 방향으로 작용할 수 있다는 점입니다. 우선 사람들이 사도가 썼다는 책을 우연히 접하고서 책을 진지하게 읽을 수도 있습니다. 한편으로는 저자를 알 수 없는 책을 읽고서 내용이 탁월하니 사도가 쓴 것이 틀림없다고 생각할 수도 있습니다. 물론 같은 과정이 부정적인 방식으로 진행될 수도 있습니다. 즉, 어떤 책은 형편없어서 사도가 썼다는 주장을 누구도 믿지 못할 수 있고, 내용이 탁월하다 하더라도 사도가 썼다는 주장이 없어서 사람들이 이를 진지하게 읽지 않고 그 내용도 그리 중요하지 않다고 생각할 수도 있습니다. 달리 말하면, 사람들이 어떤 책을 탁월하다고 여기고 그 책을 사도가 썼다는 주장까지 있으면 둘은 서로를 강화합니다. 사람들이 어떤 책을 좋아하지 않을 경우 그들은 그 책을 사도가 썼다는 주장을 믿지 않을 수 있고, 그 책을 사도가 썼다는 주장이 없을 경우 사람들이 그 책을 좋아하지 않을 수도 있습니다. 이런 모습은 오늘날에도 다른 분야에서 쉽게 발견됩니다. 어떤 그림이 모조품이라는 말을 들으면 사람들은 그 그림에 별다른 기대를 하지 않게 되며, 자신들이 보기에 형편없는 그림을 보면 그 그림이 모조품일지 모른다고 생각하지요.

따라서 예언자, 사도가 원저자라는 주장과 유대교 및 그리스도교에서 경전의 지위는 서로 밀접한 관련이 있습니다. 그러나 원저자가 경전의 권위를 부여하느냐, 아니면 책이 경전으로 인정받음으로써 원저자에 대한 결론이 정해지느냐는 물음은 많은 경우 답하기 불가능합니다. 유대인들과 그리스도교인들이 거룩하다고 믿은, 성서 안팎의 여러 저작이 위명을 썼다는 사실을 우리는 알고 있습니다. 구약의 잠언과 구약 바깥의 에녹, 신약의 베드로의 둘째 편지와 신약 바깥의 「사도 서신」(기원후 150)이 그러한 예입니다. 그러나 위명을 사용한 것과 이 책들이 경전의 지위에 오른 것 중 무엇이 원인이고 무엇이 결과인지는 각각의 경우마다 밝혀내야 합니다(그리고 아예 밝혀낼 수 없는 경우들도 있습니다).

3. 저술 연대

경전의 원저자와 관련해 살핀 내용은 경전의 저술 연대를 다룰 때도 마찬가지로 적용할 수 있습니다. 저술 연대와 원저자 문제는 서로 연관이 있기 때문이지요. 신약의 모든 책을 사도들 혹은 사도들의 제자들이 썼다고 주장한다면, 이는 이 책들이 예수 사후 한두 세대 내에 저술된 것임을 함축합니다(사실 앞에서 살펴보았듯 어떤 책들은 그보다 훨씬 뒤에 나왔습니다). 마찬가지로, 히브리 경전의 모든 책을 예언자들이 썼다면, 그리고 에즈라 시대 이후 예언이 멈추었다면 이 책들은 기원전 5세기 말 이전에 모두 완성되었어야 합니다.

그러나 원저자와 관련된 두 번째 문제가 여기에도 적용

됩니다. 연대기상 성서 저술이 중단된 시점이 있다면, 그 시점 이후로 나왔다고 알려진 책은 그 무엇도 경전으로 인정받지 못할 것입니다. 유대교에서는 바로 이러한 기준을 따라 집회서를 높이 평가하면서도 경전으로 간주하지는 않았습니다. 집회서의 서두는 이 책을 기원전 2세기에 썼다고 밝히고 있기 때문이지요. 그러나 역으로, 경전으로 인정하고 싶지 않은 책들을 '나중에' 저술된 것으로 간주하는 경향도 있습니다.

여기서 흥미로운 책은 다니엘입니다. 언뜻 보기에 다니엘은 기원전 6세기인 포로기에 쓰인 책 같습니다. 책에 따르면 다니엘이 에제키엘과 같은 시대를 살았기 때문이지요. 요세푸스는 이를 글자 그대로 받아들였고 따라서 모든 경전은 아르타크세르크세스가 죽기 전에 나왔다는 요세푸스 본인의 원칙과 다니엘이 경전이라는 사실은 상충하지 않습니다. 그러나 오늘날의 히브리 성서 배열을 보면 다니엘은 예언서가 아닌 성문서에 들어 있습니다. 이는 오늘날 대부분의 학자가 생각하듯 다니엘이 실제로는 기원전 2세기 순교자 마카베오의 시대에 나왔음을 유대인들이 알고 있었기 때문인지도 모릅니다.

경전 저술 연대의 종결점이 있다면 출발점도 있겠지요.

모세의 책들이 바로 이에 해당합니다. 기원전 200년부터 기원후 200년 사이에 나온 수많은 저술에 관해 사람들은 모세보다 앞선 인물들이 썼다고 주장함으로써 모세의 책들을 능가하려 했습니다. 에녹은 아담으로부터 불과 몇 세대 후의 인물이니 당시 어떤 사람들은 에녹서를 모세의 책들보다 더 오래된 책으로 여겼을지도 모르지요. 심지어는 아담과 하와가 썼다고 주장하는 책들도 있었습니다. 그것이 사실이라면 그보다 앞선 책은 천사가 쓴 책뿐이겠지요. 하지만 이러한 책들은 끝내 경전으로 받아들여지지 않았습니다. 에즈라 이후에 그 어떤 경전도 나오지 않았다는 요세푸스의 규칙처럼 모세의 책들 이전에는 그 어떤 경전도 나오지 않았다는 규칙이 적용된 것이지요. 다른 한편 신약 시대 저자들은 이 위명 저작들 중 많은 책을 진지하게 받아들였습니다. 앞에서 언급했듯 에녹서를 예언서로 인용한 경우가 그 대표적인 예입니다.

4. 현재 유효성

성서 공부 모임에 참석해 본 사람이라면 이러한 모임에서 꺼낼 수 없는 말이 몇 가지 있음을 알고 있겠지요. 그중 단연 첫째는, 지금 읽는 본문이 우리의 관심사와 아무런 연관이 없으며 사실 우리에게 알려 주는 바가 전혀 없다는 생각을 내비치는 것입니다. 그리스도교인들은 성서가 모든 상황에 언제나 유효하며, 올바로 읽기만 한다면 성서가 언제나 자신들의 삶을 비춰 준다고 믿기 때문입니다. 어떤 책을 경전 혹은 성서라고 부르는 이유는 그 책의 가르침이 오늘날에도 적용 가능하다고 믿기 때문입니다.

신약의 저자들이 구약을 이런 식으로 읽었음은 쉽게 알 수 있습니다. 분명 신약 저자들은 구약이 일반적으로 유효하다는 생각을 넘어, 초대 교회의 구체적인 문제들에 대한 방안을 모색할 때도 유효하다고 주장했습니다. 바울은 이스라엘 민족이 광야에서 불복종한 것을 두고 말합니다.

그들이 이런 일들을 당함으로써 다른 사람들에게는 경고가 되었으며 그것이 기록에 남아서 이제 세상의 종말을 눈앞에 둔 우리에게는 교훈이 되었습니다. (1고린 10:11)

또한 이사야 49장 8절을 인용하며 말합니다.

"너에게 자비를 베풀 만한 때에 네 말을 들어주었고 너를 구원해야 할 날에 너를 도와주었다" 하고 말씀하셨습니다. 지금이 바로 그 자비의 때이며 오늘이 바로 구원의 날입니다.

(2고린 6:2)

이와 비슷하게 어떤 유대교 종파들에서는 오래된 경전들이 지금 일어나는 거대한 사건들을 예언했다고 생각했습니다. 사해 문서를 만들어 낸 공동체가 그 대표적인 예입니다. 그들은 자신들의 역사를 예언했다고 믿은 예언서들에서 본문을 인용했습니다. 그러나 '랍비 유대교'rabbinic Judaism라 불린 (차츰 유대교의 표준이 된) 종파에서는 경전 본문이 보편적인 적용 가능성과 유효성을 지닌다고 믿었습니다. 미슈나 Mishnah(랍비들의 가르침과 판정을 모은 것으로 기원후 2세기에 만들어졌습니다)를 보면 자신들의 윤리 규칙을 뒷받침하기 위해 성서 본문을 인용합니다. 흥미롭게도 랍비 문헌 저자들은 오경 못지않게 잠언도 많이 인용했습니다. 잠언이 어느 때나 유효한 본문들의 모음집이라고 생각했던 것이지요.

5. 보편성

경전은 모든 시대에 유효하며 모든 사람에게 유효합니다. 이러한 생각을 따라 유대인, 그리스도교인은 성서 본문의 특수성을 감소시킬 방법을 찾아야 했습니다. 이와 관련된 신약의 고전적인 예시는 필레몬에게 보낸 편지입니다. 이 문헌은 지극히 좁고 특수한 문제를 다룹니다(도망 노예가 바울에게 가서 보호를 구했고, 바울은 그를 주인에게 돌려보내면서 관용을 베풀라고 간곡히 부탁하지요). 물론 바울이 필레몬에게 오네시모를 벌하지 말라고 말하면서 그리스도교 원리들에 호소하기 때문에 이 편지로부터 일반적인 '교훈'을 얻기가 어렵지는 않습니다. 그러나 오늘날 우리가 경전을 구상한다고 가정하면 필레몬에게 보낸 편지를 넣지는 않을 것입니다. 하지만 초대교회는 필레몬에게 보낸 편지를 경전에서 제외하기보다 이 편지와 다른 바울 서신들을 일반화하는 효과적인 방법을 찾았습니다. 서신들을 모아 바울 전집을 구성함으로써 여기에 속한 책들을 모든 세대를 위한 교리와 지침의 원천으로 여길 수 있게 한 것입니다.

무라토리 단편Muratorian Fragment(4세기에 만들어졌다고 짐작되는 성서 목록으로, 5장에서 살펴볼 것입니다)에서는 바울이 일곱 교회(로마, 고린토, 갈라디아, 에페소, 필립비, 골로사이, 데살로니카)에 보낸 편지와 요한이 "일곱 교회에"(바울과 같은 교회들은 아니지만, 이 유사성은 놀랍습니다. 묵시 1:4 참조) 보낸 편지인 요한의 묵시록을 나란히 놓습니다. 무라토리 단편의 저자는 바울이 요한을 따라서 일곱 교회에 편지를 보냈다고 말합니다.

복된 사도 바울은 요한의 선례를 따라 일곱 교회에만 편지
를 썼다. … 그러나 온 세상에 퍼져 있는 교회는 분명 하나
다. 요한은 묵시록에서 일곱 교회에만 편지를 썼으나 사실
상 모든 이를 향해 이야기한다.

테르툴리아누스Tertullian(160~225) 또한 골로사이인들을 라
오디게이아인들이라 불러도 문제 될 것이 없다고 말하면서,
바울은 특정한 교회를 향해 편지를 쓴 것이 아니라 모든 그
리스도교인을 염두에 두고 편지를 썼다고 주장합니다.

사도는 특정한 사람들에게 편지를 쓸 때도 모든 사람을 향
해 썼기 때문에 제목은 중요하지 않다.

이것이 바로 어떤 책을 경전으로 대할 때 나타나는 보편적인
효과입니다. 사람들은 어떤 책이 경전이 되면 그 책은 특수
한 상황이라는 속박에서 벗어나 모든 시대와 장소에 적용될
수 있는 것으로 여깁니다.

6. 상호 일관성

성서를 이루는 책들이 성서라는 선집을 이루자마자 이를

일관성 있는 것으로 인식하게 만드는 독해 방식들이 등장했습니다. 가장 분명한 예는 네 편의 복음서입니다. 각 복음서는 자신이 예수가 행하고 가르치고 수난당한 일들에 관한 진실을 담고 있다고 주장합니다. 루가는 자신이 기존의 다른 설명들을 비교해 보았으며 이제 결정판을 선보인다고 명시적으로 말하지요

> 우리 가운데서 일어난 일들에 대하여 차례대로 이야기를 엮어내려고 손을 댄 사람이 많이 있었습니다. 그들은 이것을 처음부터 말씀의 목격자요 전파자가 된 이들이 우리에게 전하여 준 대로 엮어냈습니다. ... 나도 모든 것을 시초부터 정확하게 조사하여 보았으므로 ... 그것을 순서대로 써 드리는 것이 좋겠다고 생각하였습니다. (루가 1:1~4)

마태오의 복음서는 마르코의 복음서를 개선해 예수의 삶을 더 온전하고 올바르게 설명하려 한 책입니다. 이 같은 행위는 네 명의 복음서 저자에서 끝나지 않았습니다. 또 다른 저자들이 등장했지요. 3장에서 이야기했듯 마르키온은 폰토스에 있는 자신의 교회에 널리 알려져 있던 복음서인 루가의 복음서를 개정했습니다. 그는 모든 구약 인용을 없애고 예수

가 유대인들이 섬기는 창조주 하느님의 아들임을 암시하는 모든 부분을 삭제함으로써 복음서를 자신의 비정통 사상 체계에 맞추었습니다. 다음 세대인 타티아누스는 네 복음서에서 불일치하는 부분들이 서로 조화를 이루게 만듦으로써 하나의 복음서를 만들어 냈습니다. 5세기까지 시리아 지역의 교회들은 타티아누스가 만든 『디아테사론』을 널리 받아들였지요. 중세 이후 오늘날까지도 이 복음서 합본은 쓰이고 있습니다. 순교자 유스티누스의 경우 공관 복음을 별도의 세 책으로 읽지 않고 이를 요약한 자신만의 복음서를 사용한 듯합니다. 이 모든 경우를 보건대, 복음서들을 개정해 하나의 결정판을 만들려는 이들은 복음서 저자들 이후에도 계속 교회에 있었던 것으로 보입니다.

그러나 3장에서 언급했듯 교회는 최종적으로 이레네우스의 주장을 받아들였습니다. 즉, 복음서는 네 가지가 있고 이들은 모두 필수적입니다. 일단 이러한 입장을 받아들이자 각복음서는 다른 복음서를 읽는 방식에 영향을 미쳤습니다. 온전한 진실을 전하는 네 문헌 사이에 일관성이 없다는 이야기는 용납할 수 없으므로 복음서들의 차이로 보이는 것은 모두 재해석되어야만 했지요. 알렉산드리아의 클레멘스는 ('영적'이라는 말이 정확히 무엇을 뜻하든 간에) 요한의 복음서가 '영적인'

복음서이므로 공관 복음과 다르다고 주장했습니다. 요한의 복음서는 영적 의미를 지닌 사건들을 강조했으므로 공관 복음에 나오는 많은 이야기를 생략한 것이 놀랍지 않다는 말입니다. 어쨌든 그는 다른 세 복음서를 알고 있었고 자신의 독자들도 마찬가지라고 생각했습니다. 그는 이를 당연시하고 있었습니다. 에우세비우스는 또 다른 유용한 주장을 내놓았는데, 요한의 복음서 서두에 등장하는 사건이 세례자 요한의 투옥 이전에 일어났으며 따라서 마르코의 복음서에 기록된 사건들보다 앞서 일어났다는 것이었습니다. 이 주장은 실제로는 요한의 복음서와 공관 복음 무엇과도 맞지 않지만 표면적으로는 복음서 간의 차이라는 문제를 덜 긴급한 것처럼 보이게 만들었습니다. 앞에서 살펴보았듯 그리스도교 저자들은 각각의 복음서를 유일무이하고 올바른 판으로 보기보다는 '마르코, 마태오, 루가, 요한이 전하는 좋은 소식'으로 여기게 되었습니다.

같은 주제를 다루는 두 책이 모두 경전으로 인정받는다면 독자들은 두 책이 이렇게 양립하고 일치하도록 독서 방식을 수정합니다. 히브리 경전의 비일관성과 관련해서도 비슷한 일이 일어났습니다. 에제키엘에 나오는 제사장들의 권리와 의무에 관한 율법(에제 44)이 토라에 나오는 관련 규정(에를 들어 민수 3)과 불일치한다는 점을 두고 랍비들은 고심했습니다. 히즈키야의 아들 하나니야Hananiah ben Hezekiah라는 사람은 이 문제를 해결할 때까지 밤마다 등불을 켜느라 기름 300통을 썼다는 이야기도 전해지지요. 그런데 이상한 점이 있습니다. 열왕기와 역대기의 불일치, 혹은 창세기와 출애굽기의 원자료 간의 차이 등 서사가 있는 문헌 간의 중대한 차이들에 대해서는 랍비들이 모르는 것처럼 보인다는 점입니다. 적어도 우리가 갖고 있는 랍비 문헌들에서는 이 문제들을 논의하지 않고 있습니다. 한 가지 그럴듯한 설명은 랍비들이 유대교 관행을 올바로 세우기 위해 율법의 불일치를 해결하는 데만 관심을 쏟았다는 것입니다. 이에 따르면 랍비들은 역사서로부터는 어떤 관행을 끌어낼 수 없으므로 역사적 불일치는 그들에게 그리 큰 문제가 되지 않았지요. 반면 그리스도교인들의 경우에는 예수가 무엇을 했고 무엇을 가르쳤는지 알기 위해 특별한 경전인 신약을 읽었습니다. 그러므로 복음서 서사들의 불일치는 그들에게 커다란 문제였습니다.

7. 넘쳐나는 의미

고대 세계에서 거룩한 책들의 또 다른 특징은, 사람들은 이 책들이 보통의 책보다 훨씬 풍부한 의미를 지니고 있다고 보았다는 점입니다. 어떻게 보면 보편적 적용 가능성과 완전한 일관성을 인정했다는 사실에 이미 이러한 태도가 내포되어 있다고 할 수 있습니다. 보통 책은 그렇지 않기 때문이지요. 그러나 여기서 말하고자 하는 것은 글의 표면에서 읽어낼 수 있는 것보다 한층 더 심오하고 중요한 의미입니다. 유대교와 그리스도교의 해석자들 모두, 성서의 불일치와 비일관성은 더 깊은 진리를 가리키기 위해 하느님이 의도한 것이라고 생각했습니다. 여기서 불일치와 비일관성은 문제가 아니라 오히려 본문이 얼마나 심오한지 알려 주는 신호입니다.

이를 유념하면서, 신약이 구약의 '메시아적' 본문들을 해석하는 부분 중 일부를 살펴보겠습니다. 사도행전 2장 22~36절에서 베드로는 시편 16편 중 일부("주님께서 나를 보호하셔서 죽음의 세력이 나의 생명을 삼키지 못하게 하실 것이며 주님의 거룩한 자의 몸을 썩게 버려두지 않으실 것이기 때문입니다")를 검토합니다. 베드로는 시편을 읊었다고 알려진 다윗은 분명 세상을 떠났고 그의 육신은 무덤에서 썩었기 때문에 이 본문을 글자 그대로 받아들이면 당혹감을 느낄 수밖에 없다고 이야기합니다. 그러나 여기서 다윗이 나중에 올 왕인 메시아를 언급한 것이라면 당혹감은 해소됩니다. 예수가 바로 그 메시아이고, 그의 육신이 썩지 않았다는 사실은 부활로써 증명됩니다. 베드로가 말하길, 이처럼 우리가 예수에 관해 아는 것을 바탕으로 본문을 읽는다면 문제는 더는 문제가 아니게 됩니다. 이 본문은 우리가 짐작한 것보다도 훨씬 중요한 의미를 지니고 있는 것입니다.

유대인 해석자들도 문제 있는 본문을 같은 논리로 다루었습니다. 유대인 학자 알렉산드리아의 필론Philo of Alexandria(기원전 20~기원후 50)은 그리스어 성서를 읽다가 시편 74편(히브리 성서에서는 75편)에서 난제를 마주했습니다.

주님의 손에는 섞인 술로 가득한 순포도주 잔이 들려 있다.

이는 명백한 모순이지요. 이를 두고 필론은 다음과 같이 해석합니다.

하느님의 권능은 그분께는 순수하지만, 피조물에게는 섞인 것이다. 유한한 본성에는 순수한 것을 위한 자리가 있을 리 없다. 우리는 누그러지지 않은 태양의 빛조차 쳐다보지 못한다.

이 같은 해석은 시편의 문자 그대로의 의미와는 동떨어져 있지만, 해석자가 본문 내의 문제를 발견하고 이러한 문제가 실제로는 더 깊은 진리를 간직하고 있음을 보여 주는 과정을 잘 드러냅니다. 누구도 일상의 글들을 이런 식으로 해석하지는 않지요. 이는 경전의 지위를 나타내는 표식입니다.

그리스도교인들도 신약을 읽으며 이러한 해석을 적용했습니다. 이는 그들이 얼마나 신약을 중시했는지를 보여 줍니다. 자주 쓴 방법은 우의allegory, 즉 본문의 표면적인 의미가 사뭇 다른 무언가를 가리킨다고 보는 방법이었습니다. 가장 유명한 예는 히포의 아우구스티누스Augustine of Hippo(354~430)가 선한 사마리아인의 비유를 해석한 것입니다. 그는 이 비유에서 사마리아인은 그리스도를 상징한다고, 사마리아인이 다친 사람에게 한 일은 곧 그리스도가 우리를 위해 하는 일을 뜻한다고 보았습니다.

"어떤 사람이 예루살렘에서 예리고로 내려가다가". 이 사람은 아담을 뜻한다. "예루살렘"은 평화로운 천상의 나라로, 복된 아담은 그곳에서 타락했다. "예리고"는 달을 뜻하고, 우리의 필멸성에 대한 상징이다. 달처럼 태어나서, 차오르다가, 기울더니, 사라지기 때문이다. "강도들"은 악마와 그의 천사들이다. "그 사람이 가진 것을 모조리 빼앗고"는 그의 불멸성을 빼앗았다는 뜻이며, "마구 두들겨서"는 그가 죄를 짓도록 유혹했다는 뜻이다. "반쯤 죽여놓고 갔다"는 인간이 하느님을 이해하고 아는 한에서는 산 것이지만 그가 죄로 인해 손상되고 억눌린 한에서는 죽은 것이기 때문이다. 그래서 그는 "반쯤 죽"었다고 이야기된 것이다. 그를 보고도 지나쳐 간 "한 사제"와 "레위 사람"은 구약의 제사장들과 성직자들을 가리킨다. 그들은 구원을 위해 아무런 도움도 되지 못했다. "사마리아 사람"은 수호자를 뜻하며, 따라서 이 이름은 주님을 나타낸다. 상처를 "싸매어 주"었다는 것은 그분이 죄를 치유해 주셨다는 뜻이다. "기름"은 선한 희망이 주는 위안이다. "포도주"는 열렬한 영혼을 가지고 노력하라는 권고다. "나귀"는 주님께서 우리에게 오시기로 되어 있는 육신을 뜻한다. "나귀에 태워"졌다는 것은 그리스도의 성육신을 향한 믿음이다. "여관"은 교회로, 천상에 있는 자기 나라로 돌아가는 여행자들이 순례 이후에 생기를 되찾는 곳이다. "다음날"은 주님의 부활 이후다. "두 데나리온"은 사랑의 두 계명 혹은 이번 생과 다가올 생에 대한 약속이다. "여관 주인"은 바울 사도다. 의무를 초과하여 비용을 지불한 것은 독신주의에 대한 그의 권고를 뜻하거나, 복음이 새로운 것이었을 때 그는 '복음을 전하는 일로 먹고사

는 것'을 허락받았음에도 더 빈곤한 교우들에게 짐이 되지 않으려 그가 손수 일했다는 사실을 뜻한다.[1]

누군가가 어떤 글을 우의로 읽는다면 그가 그 글을 지극히 중요시한다고 말해도 좋을 것입니다. 사람들은 매우 중요하고 명망 있는 문헌만을 그런 식으로 읽기 때문입니다. 다소 역설적인 일이지만, 어떤 글에 억지스럽고 부자연스러운 의미를 부여하는 것은 그 글의 위상을 찬미하는 것과 다름없습니다. 유대교와 그리스도교뿐만 아니라 고대 세계에서는 '고전' 문헌만을 우의적으로 해석했습니다. 호메로스Homer의 작품들이 그 대표적인 예입니다. 오리게네스는 자신의 논쟁 상대인 켈수스Celsus가 그리스도교의 문헌들(그는 구약과 신약 모두를 가리켰습니다)이 모순투성이라며 거부했다고 전합니다. 오리게네스는 이를 부인하지 않으며, 오히려 성서를 우의적으로 해석해야 함을 알지 못한다면 켈수스는 아주 미련한 사람임이 틀림없다고 말합니다. 당시에 이러한 답변은 설득력이 있었을 것입니다.

---

1 Augustine, *Quaestiones Evangeliorum*, 2:19.

8. 거룩한 물건인 성서

마지막으로, 물건으로서 경전을 성스러운 것으로 여기고 공경을 표하는 경향은 전 세계에서 발견되는 특징입니다. 그리스도교인들은 신약, 특히 복음서와 관련해 이러한 문화를 발전시켰습니다. 서방 가톨릭 교회와 동방 정교회에서 전례 시 사용하는 복음서는 특별히 화려한 장식을 하고 있으며, 운반할 때는 행렬이 뒤따르고 향과 입맞춤으로 공경심을 표현하기도 합니다. 개신교 교회에서도 종종 성서를 들고 교회에 들어가는 엄숙한 예식을 하곤 합니다. 그러나 그리스도교 초기 몇 세기 동안 그러한 관습이 있었다는 증거는 많지 않습니다. 오히려 초기의 신약 필사본들은 격식 없는 필체로 적힌 경우가 많았고, 그리스도교 성서에서 보편적이었던 코덱스는 본래 거룩한 책들이 아니라 가벼운 책들의 형식이었습니다. 이와 달리 유대교에서는 경전의 거룩함과 경전이 기록되는 형식 사이에 명백한 연관이 있었습니다. 유대인들은 성서 본문을 어떻게 기록해야 하고 어떻게 기록해서는 안 되는지와 관련해 정교한 규칙들을 만들어 나갔습니다.

유대인들이 본문을 쓰면서 특별하게 관심을 기울인 부분은 네 개의 자음으로 된 하느님의 이름 YHWH를 올바로 적는 것이었습니다. 이 이름은 본래 '야훼'라고 발음했을 것입니다. 하지만 신약 시대에 이르러 유대인들은 이 이름이 너무나 거룩하기 때문에 발음하지 않았습니다. 유대인들은 이 이름을 언급하는 본문들은 하느님의 이름에 담긴 거룩함을 어느 정도 갖고 있다고 여겼기 때문에 특별히 경건하게 다루었고 예의를 갖추어 보관했으며 닳아서 못 쓰게 되면 엄숙한 절차를 따라 매장했습니다. 몇몇 초기 그리스도교인들은 그리스어로 된 자신들의 문서에 하느님의 이름을 히브리어로 적었는데 이것이 문제를 낳았습니다. 유대인들은 자신들에게 그리스도교의 책들이 거룩하지 않음에도 불구하고 거기에 하느님의 이름이 있으니 경건하게 대해야 하는지를 두고 고민했습니다. 이에 랍비들은 그리스도교 책들과 같은 이단 문헌들은 파괴해도 괜찮다고 판정했습니다. 이러한 논쟁은 어떤 책을 경건하게 대하느냐의 여부가 그 내용보다는 외양에 따라 좌우될 수 있음을 보여 줍니다. 특히 글을 읽고 쓸 줄 모르는 이들이 다수였던 과거의 경우에는 더욱 그렇습니다. 유대교에서는 어떤 책이 토라 두루마리처럼 생겼으면 그것만으로도 거룩한 책으로 간주했습니다. 게다가 그 책에 하느님의 이름을 나타내는 특별한 표식이 있다면 더욱 그랬습니다. 랍비처럼 정규 교육을 받은 학자들은 그러지 않았겠지만, 책이라는 물건이 그 자체로 알 수 없는 물건이었을 문맹 혹은 반문맹 신자의 경우에는 그랬을 확률이 높습니다.

책에서 경전으로

이 같은 과정을 거쳐 늦어도 기원후 2세기 말경 유대인들과 그리스도교인들은 구약과 신약에 속한 책들을 '경전'으로 받아들였습니다. 물론 이 중 대부분의 책은 그보다 훨씬 전부터 경전이었지요. 고대 세계에서는 유대교와 그리스도교 신자가 아닌 이들에게도 '거룩한 책'이라는 관념은 친숙했습니다. 그리고 유대인과 그리스도교인의 경전은 두말할 것 없이 이 관념에 잘 들어맞았습니다. 하지만 복음서에 대한 그리스도교인들의 태도에 대해서는 한 가지 언급할 부분이 있습니다. 훗날 모습과는 달리 그리스도교 운동의 초기에 신자들은 복음서를 온전한 경전으로 간주하지는 않았습니다.

초기 그리스도교인들은 복음서를 중요한 역사 기록으로 보기는 했지만 구약과 같은 경전으로 보지는 않았습니다. 복음서를 거룩한 경전으로 여겼다면 마르키온은 루가의 복음서를 자유롭게 개정할 생각을 하지 못했을 것이고 루가 역시 마르코의 복음서를 자유롭게 개정할 생각을 하지 못했을 것입니다. 초기 그리스도교인들은 책이 아니라 메모, 혹은 초고를 기록하기 위해 코덱스를 활용했습니다. 초대 교회에서는 본질상 구전으로 선포되는 복음을 글로 기록하는 것은 복음을 전하는 최선의 방식이 아니라는 생각이 영향력을 행사했습니다. 당시 대다수 신자는 복음서를 복음을 선포하기 위한 원재료를 모아 놓은 문헌으로 받아들였으며 그 자체로 완결된 문헌으로 간주하지는 않았습니다. 물론 복음서 저자들은 그렇게 생각하지 않았을 수도 있지요. 현대 성서 비평에 따르면 복음서들은 생각보다 훨씬 더 정교한 문학 작품입니다. 그러나 복음서 독자들의 첫 한두 세대가 대부분 이렇게 생각했음은 확실합니다. 이러한 입장은 오래가지 않았습니다. 경전을 종교의 필수 요소로 보는 세계에서 그러한 입장은 오래갈 수도 없었을 것입니다. 그리스도교의 '책'들이 '경전'이 되는 것은 불가피했습니다. 하지만 그리스도교인들이 복음서를 중요한 책이기는 하나 경전으로 여기지는 않은 시기가 있었다는 점, 그리하여 이 장에서 검토한 해석 방식 대부분이 적용되지 않은 시기가 있었다는 점은 기억해 둘 가치가 있습니다.

05

정경을 확정하다

지금까지 검토한 세 과정이 논리적으로 구별된다는 사실을 알아 둘 필요가 있습니다. 책을 쓰는 일은 책을 모으는 일과 다르고, 책을 쓰거나 모으는 일 모두 책을 경전으로 대하는 일과는 다릅니다. 그러나 이 세 과정이 성서 발전 단계에서 서로 뚜렷하게 구별되는 역사적 국면들은 아닙니다. 몇세기 동안 사람들이 책을 쓰고, 그다음 몇 세기 동안 사람들이 책을 모으고, 그다음 몇 세기 동안 모은 책을 경전으로 대한 것이 아닙니다. 세 과정은 겹쳐 있습니다. 신명기와 요한의 복음서는 처음부터 암묵적으로 자신이 경전이라고 주장했습니다. 성서에 속한 어떤 책은 다른 책이 기록되기 전에 이미 경전으로 간주되었습니다. 아마도 오경은 후대의 몇몇 예언자들이 태어나기도 전에 이미 수집되어 거룩한 책으로 받들어졌을 것입니다. 다니엘과 전도서가 저술될 즈음 유대교에는 이미 '성서'가 있었습니다. 신약도 마찬가지입니다. 바울의 서신들을 이미 친숙한 저작처럼 언급하는 베드로의 둘째 편지가 저술되기 이전에 바울 서신은 이미 선집으로 만들어졌을 것입니다. 성서는 매우 복잡한 방식으로 형성되었습니다.

성서가 정확히 오늘날과 같은 모습으로 존재하기 위해서는 네 번째 과정이 완결되어야 했습니다. 사람들은 종종 성서 '정경'canon에 관해 이야기하며 오늘날과 같은 모습의 성서가 확립된 과정을 '정경화'canonisation라고 부릅니다. 지금까지는 이 용어를 쓰지 않았지요. 이제 왜 그랬는지를 설명하겠습니다. 성서 본문과 관련해 쓰는 '정경화'라는 말은 둘 중 하나를 뜻합니다(혹은 둘 모두를 뜻하기도 합니다). 하나는 3장에서 논의한 내용, 즉 어떤 문헌이 거룩하거나 권위가 있다고 인정받게 되는 과정입니다. 그래서 '다니엘은 언제 정경이 되었는가?'라는 물음은 '다니엘이 보편적으로 적용 가능하며, 숨겨진 의미를 지니고 있고, 현재에도 유효하며, "다니엘의 말씀대로"와 같은 방식으로 인용할 만한 가치가 있다고 인정받은 때는 언제인가?'라는 뜻입니다. '정경화'의 두 번째 의미는 성서의 '목록'(그리스어 '카논'κανών의 본래 뜻)을 확정해 이와 같은 위상을 지닌 책이 더는 없게 하는 일입니다. 이는 서로 구별되는 두 가지 과정임을 알아야 합니다. 원칙적으로 경전은 있지만 정경은 없을 수 있으며, 많은 종교가 실제로 그렇습니다. 경전이 계속해서 축적되어 누구도 이를 다 읽을 수 없을 정도가 되는 경우가 있습니다. 아무도 중단 시점을 정할 필요를 느끼지 못하는 것이지요. 유대교와 그리스도교 또한 (불교처럼) 이 길을 갈 수도 있었으나, 실제로 그렇게 되지는 않았습니다. 그렇기에 어떤 책을 경전으로 받아들이는 일과 이 경전이 다른 책들을 배제하는 어떤 공식 목록에 속한다고 판정하는 일을 모두 '정경화'라고 부르는 것은 어폐가 있습니다. 이 때문에 지금까지 이 말을 쓰지 않은 것입니다. 여기서는 확고하고 제한된 목록에 어떤 책을 포함하는 네 번째 과정만을 '정경화'라고 부르겠습니다.

앞에서 언급한 세 단계, 즉 쓰기, 모으기, 경전으로 받아들이기가 겹친다는 이야기는 네 번째 단계에도 마찬가지로 적용될 수 있습니다. 물론 어떤 책이든 우선 기록되고, 수집되고, 경전으로 받아들여진 뒤에야 제한된 목록의 일부로 공식적으로 받아들여진다는 의미에서 '정경화'될 수 있습니다.

그러나 어떤 책이 기록되기도 전에 다른 책은 경전이 되면서 세 단계가 연대 상 겹치듯 어떤 책의 정경화는 매우 이른 시기에 이루어졌을 것입니다. 비정경화, 즉 어떤 책들을 경전 목록에서 배제하는 일도 마찬가지입니다. 기원전 4세기 말 이미 유대교에서는 오경에 견줄 수 있는 책은 없으며 오경이 가장 높은 권위를 지니고 있다는 생각이 널리 퍼져 있었습니다. 하지만 이 시기 히브리 성서의 어떤 책들은 아직 기록되지도 않은 상태였지요.

데살로니카인들에게 보낸 둘째 편지 2장 2절에서 바울은 자신이 보냈다고 주장하는 가짜 편지에 속지 말라고 이야기하면서, 이 편지가 진본임을 입증하기 위해 자신의 서명을 첨부합니다(어떤 이는 데살로니카인들에게 보낸 둘째 편지도 위조되었으며, 이 말과 서명이 비난을 모면하는 기발한 방법이었다고 주장하기도 합니다).

> 나 바울이 친필로 문안합니다. 이것이 모든 편지에 서명하는 표요, 내가 편지를 쓰는 방식입니다. (2데살 3:17)

기원후 2세기의 테르툴리아누스는 '금지된' 책 목록을 이야기하는데, 이는 교회가 이미 특정 문헌들을 금하기 시작했음을 시사합니다. 하지만 당시에 신약 목록은 확정되지 않았습니다.

경전으로 받아들인 책들의 목록을 공식화한다는 의미에서 '정경화'와 관련된 중요한 사실은 이러한 일이 매우 드물게 일어났다는 것입니다. 당시 유대교, 혹은 그리스도교 신자가 특정 저작을 이용하고 공경할 때 그 기준은 신자들이 언제나 그 책을 공경했다는 사실(혹은 그랬다는 믿음)뿐인 경우가 압도적으로 많았습니다. 유대교와 그리스도교에서 실제로 정경에 포함할지 말지를 결정해야 했던 대상은 모두 주변부에 속한 책들이었습니다. 성서에 속한 대부분의 책은 오래전부터 신자들이 경전으로 받아들였고 이는 세대에서 세대로 이어졌습니다. 그 과정에서 사람들은 별다른 의문을 제기하지 않았습니다.

구약

히브리 성서의 경우 사람들이 오랫동안 성서에 속한 문헌들을 경전으로 받아들였다는 사실이 정경 형성에 결정적인 영향을 미쳤습니다. 유대교에서는 정경에 어떤 책들을 넣어야 하는지를 두고 논쟁을 벌이는 일이 거의 일어나지 않았으며 논쟁이 있었다는 증거도 거의 없습니다. 미슈나(야다임

3:5)에 따르면 기원후 70년 예루살렘이 로마에 함락된 뒤 얌니아에 세운 랍비 학당에서 전도서와 아가가 '손을 더럽히는가' 하는 논쟁이 일어났습니다. 어떤 학자들은 이런 이상한 문제(이는 당시 사람들 눈에도 이상해 보였습니다. 어떻게 거룩한 책이 손을 더럽힐 수 있을까요?)가 비교적 후대에 나온 두 책이 경전인지를 두고 논쟁이 일어났음을 암시한다고 해석했습니다. 저는 두 책 모두 하느님의 이름 YHWH를 담고 있지 않다는 사실이 문제였으리라고 봅니다. 이 경우 두 책이 경전인지 아닌지를 두고 논쟁하기보다는 2장에서 보았듯 하느님의 이름이 담긴 책을 대할 때처럼 이 책들에도 주의를 기울여야 하는지를 두고 논쟁했을 것입니다(두 책이 경전이 아니었다면 애초에 문제가 되지 않았을 테니까요). 흥미롭게도 에스델이 손을 더럽히느냐는 물음이 제기되었다는 후대 증거가 있습니다. 에스델 역시 하느님의 이름을 담고 있지 않지만, 이 책은 부림절에 공적으로 낭독하는 주요 본문이었기에 랍비들은 이 책을 성서의 핵심 부분으로 인정했습니다. 어떤 식으로든 이를 정경 목록에서 제외하려는 시도는 찾아볼 수 없습니다.

랍비들이 집회서를 두고 토론했음은 의심의 여지가 없습니다. 그들은 이 책이 좋은 가르침을 전하고 있기는 하나 경전으로 인정할 수 없다고 판정했습니다. 에제키엘도 의혹의 대상이 된 적이 있는데 (앞서 말했듯이) 토라와 상충한다는 이유에서였습니다. 잠언은 내적 비일관성을 이유로 도마 위에 올랐다는 기록이 있습니다. 이외에는 다른 어떤 책도 판정의 대상이 된 적이 없었습니다.

하지만 이 지점에서 우리의 지식에는 분명 커다란 공백이 생깁니다. 그리스도교 필사본이 보존하고 있는 구약, 그리스어 사용 지역 중 특히 이집트의 유대인들이 만들었음이 분명한 그리스어 구약이 히브리어로 된 경전보다 더 길다는 점입니다. 특정 시점에 랍비 유대교는 70인역의 긴 목록보다는 짧은 히브리 성서를 선택하기로 결정했음이 분명합니다. 여기서 우리는 70인역과 히브리 성서를 '그리스어 성서'와 '히브리어 성서'로 구별하지만, 70인역에 추가된 대부분의 책은 본래 히브리어로 쓰였음을 기억할 필요가 있습니다. 1896년 카이로에서는 상당한 분량의 집회서 히브리어 본문이 발견되었으며 다른 책들도 그 문체를 보건대 히브리어에서 번역된 것입니다. 그러므로 어떤 책을 유대교 정경에 포함하느냐의 기준이 단순히 언어 문제는 아닙니다.

어떤 이들은 긴 정경과 짧은 정경이 각각 이집트 (알렉산드리아) 유대인과 팔레스타인의 경전을 대표한다고 생각하기도 했습니다. 그렇다면 유대교에서 긴 정경을 쓰지 않게 된 것은 팔레스타인 유대교가 알렉산드리아 유대교에 우위를 점한 결과일 것입니다. 하지만 이는 문제를 지나치게 단순화한 것입니다. 당시 유대교의 중심지였던 두 곳 사이에는 활발한 교류가 있었기 때문이지요. 좀 더 나은 답변은 기원전 1세기에 확고하게 정경이 된 것은 오경뿐이었으며 다른 책들은 유동적이었다고 보는 것입니다. 유대교 공동체들과 저자들은 이 중 자신들이 선호하거나 사본을 얻을 수 있는 책들을 선택했을 것입니다. 신약 저자들이 유대교 성서를 가리켜 '율법과 예언서들'이라고 말했을 때 율법은 고정되어 있지만 예언서들은 여전히 열려 있었습니다. 오늘날 히브리 성서에 속한 모든 책은 분명 예언서에 포함되었지만, 완전히 정경이 되지는 않았으나 누구도 배척하지는 않은, 일종의 경계 영역에 있는 책들이 있었습니다. 손쉽게 떠올릴 수 있는 책은 다니엘입니다. 다니엘은 기원전 6세기에 예언을 했고 다니엘 본문에는 세월의 권위가 있었기에 히브리어와 아람어로 된 주요 본문이 권위를 갖고 있음은 분명했습니다. 그러나 짤막하게 덧붙여진 부분들(수산나 이야기, 벨과 큰 뱀 이야기, 화덕 안에서 세 젊은이가 부른 찬가)이 문제였지요. 이 부분들도 진짜 본문에 속할까요, 그렇지 않을까요? 이에 관해 논쟁한 기록은 전혀 남아 있지 않습니다(그리스도교에서는 오리게네스가 수산나에 관해 쓴 편지가 있지만 유대교 전통에는 아무것도 없습니다). 어떤 사람들은 이렇게 주장하고 또 어떤 사람들은 저렇게 주장했을 것입니다.

앞에서 언급했듯, 그리스어로 된 문헌도 경전이 될 수 있었다는 점은 바울이 지혜서를 인용한 사례를 통해 알 수 있습니다. 바울과 동시대를 살았던(바울보다 나이는 많았습니다) 알렉산드리아의 필론에게도 지혜서는 중요했습니다. 반면 그리스어로 글을 썼지만 팔레스타인에 살았던 유대인 역사가 요세푸스는 훗날 외경이라고 불리는 책들을 인용하지 않습니다. 이는 알렉산드리아와 팔레스타인에 각각의 정경이 있었음을 확증하는 사례인지도 모릅니다. 종종 간과하는 사실은, 요세푸스가 오늘날 히브리 성서에 속한 책들만을 정경으로 논의할 때 그 기준은 어떤 유능하고 권위 있는 집단의 결정이나 판정이 아니라 오직 저술 연대뿐이라는 것입니다. 여기서 아르타크세르크세스 사망 이전에 나온 책은 무엇이든 경전이 될 가능성이 있습니다. 그 이후에 나온 책은 그 무엇도 경전이 아닙니다. 요세푸스의 이러한 생각이 실제로 의미하는 바는 그가 (그리스어로 읽은) 히브리 정경을 옹호한다는 것입니다. 이에 따라 그는 유대인에게 거룩한 책은 스물두 권뿐이라고 주장했습니다. 그러나 이론상 정경은 닫혀 있지 않습니다. 오래된 책이 새롭게 발견된다면 그 책도 정경 후보가 될 수 있습니다(요세푸스가 책의 숫자를 어떻게 셌는지, 이 책들이 오늘날 히브리 성서와 정확히 일치하는지는 불확실합니다. 전통적으로 히브리 성서는 스물네 권으로 세기 때문이지요).

이 지점에서 신약의 증언은 큰 도움을 주지는 못합니다. 앞에서 살펴보았듯이 신약 저자들은 지혜서와 같은, 오늘날 외경에 속하는 책들을 의심 없이 인용했습니다. 그러므로 신약 저자들이 활동하던 교회에서 쓴 구약 정경이 오늘날의 히브리 성서와 완전히 동일했다고 주장할 수 없습니다. 물론 창세기, 이사야, 시편 등 핵심 저작을 인용한 횟수에 견주었을 때 오늘날 정경이 아닌 책들을 인용한 분량은 아주 적습니다. 이론적 입장보다 실제적 입장을 따져 묻는다면, 신약이 인정하는 정경은 히브리 성서와 '거의' 동일하다고 말할 수 있을 것입니다. 신약의 증언은 신약 저자들이 외경을 정경으로 보지 않았다는 교리상의 주장을 뒷받침하지 않습니다. 다만 외경을 중심 경전으로 보지 않았음을 알려줄 뿐입니다.

미슈나가 편찬된 기원후 2세기 즈음, 히브리 성서는 오늘날과 같은 목록을 갖게 되었습니다. 미슈나는 오늘날 히브리 성서에 속한 책 외 다른 어떤 책도 인용하지 않기 때문입니다. 성서가 율법, 예언서, 성문서라는 지금의 형식을 갖추게 되었는지는 여전히 정확히 알 수 없습니다(어느 정도 추정은 가능합니다). 그럴 가능성이 크지만 말이지요.

유대인들이 더 짧은 히브리 성서를 정경으로 결정하자, 그리스도교인들은 이를 따라야 할지, 아니면 기원후 1세기경 대다수 저자들이 정경으로 간주한, 더 긴 그리스어 성서를 고수해야 할지 고민할 수밖에 없었습니다. 2세기 말 주교이자 신학자인 사르데스의 멜리톤Melito of Sardis(기원후 190년 사망)은 이 문제를 제기했고, 히브리 성서의 범위가 정확히 어떠한지 알기 위해 실제로 팔레스타인에 가서 진상 조사에 나서기도 했습니다. 그는 이 사안을 교회에 넘겼지만, 교회는 그의 문제 제기를 없었던 것으로 간주하고 내용이 부가된 그리스어 성서를 계속 사용했습니다.

그리스도교 초기 구약 정경을 둘러싼 진짜 논쟁은 성서를 라틴어로 번역한 히에로니무스Jerome(345~420)와 히포의 아우구스티누스 사이에서 일어났습니다. 베들레헴에 정착해 많은 유대인의 조언을 받아 성서를 번역한 히에로니무스는 당시 유대인들이 외경을 인정하지 않았다는 사실을 모르려야 모를 수 없었습니다. 그는 자신이 새로 번역한 라틴어 성서, 즉 불가타The Vulgate는 짧은 히브리 성서 목록을 따라야 한다고 제안했습니다. 아우구스티누스는 이에 강하게 반발하면서, 70인역, 그리고 이를 번역한 옛 라틴어 성서Vetus Latina는 언제나 부가된 책들을 포함했으며 이는 그리스도교 지도자들과 교사들이 빈번하게 경전으로 인용했다고 주장했습니다. 이 논쟁의 해답(이를 해답이라 부를 수 있을지 모르겠지만)은 히에로니무스가 나머지 책들까지 번역하되 이것들을 히브리 경전의 '정경'과 대비되는 '외경'('아포크리파'ἀπόκρυφα, 즉 '감추어진 것들') 또는 '교회의 책들'ecclesiastical books이라 부름으로써 온전한 경전으로 대우하지 않는 것이었습니다. 그러나 이 책들이 여전히 라틴어 성서에 포함되어 있었기 때문에 대다수 사람은 외경과 나머지 경전을 구별하지 않았습니다. 흥미로운 점은 히에로니무스 본인도 아우구스티누스와 논쟁하기 전, 그리고 논쟁한 이후에도 변함없이 '제2 정경'Deuterocanonical books을 자주 인용했다는 것입니다. 이는 그리스도교 교부 아타나시우스Athanasius(296~373)도 마찬가지입니다. 히에로니무스보다 한 세대 앞선 사람으로서 그 역시 짧은 정경을 지지한다고 밝혔습니다. 하지만 그러한 입장을 밝힌 후에도 아타나시우스는 외경 특히 솔로몬의 지혜를 즐겨 인용했습니다. 여기서 성서 정경 연구자들이 간과하는 지점이 발견됩니다. 즉, 사람들이 이론상으로 주장하는 정경과 실제 삶에서 활용한 정경이 일치하지 않는다는 것입니다. 그리스도교 저자들은 종종 자신이 정경으로 여기지 않는 책도 활용했습니다. 반대로, 어떤 책들은 정경으로 인정하면서도 거의 인용하지 않았습니다.

그리스어 정경 전체를 인정한 아우구스티누스의 입장은 종교 개혁 이전까지 서방 교회의 공식 입장이었습니다. 추가된 책들은 계속해서 외경 혹은 제2 정경이라고 불렸지만, 이 책들을 분리하여 별도의 부분을 형성하지 않고 지혜서와 집회서는 잠언과 전도서 옆에, 토비트와 유딧은 에스델 옆에 놓는 등 같은 부류의 히브리 책들과 뒤섞은 덕분에 이것이 실질적 차이를 만들어 내지는 않았습니다. 하지만 개신교 개혁자들은 히에로니무스의 입장으로 되돌아갔고, 그리스도교 교회의 구약에는 짧은 히브리 정경에 속한 책들만 포함해야 한다고 주장했습니다. 그러나 이들은 그리스어 정경으로부터 온 추가된 책들을 배제하는 데에서 그쳤고, 이런 이유로 개신교 구약 성서는 히브리 성서가 아닌 70인역의 순서를 따르되 일부만 제외한 모습입니다. 그러한 면에서 개신교 성서는 히브리 성서의 책들이 그리스어 성서의 순서로 배열된 혼합체라고 말할 수도 있겠습니다. 역설적으로, 초기의 권위 있는 성서를 복원하겠다는 개신교의 시도는 당시까지 그 어떤 그리스도교인도 알지 못했던 모습의 성서를 만들어 냈습니다. 모든 개신교 교회가 이 변화를 전적으로 기쁘게 받아들인 것도 아닙니다. 성공회는 개인 성서 공부는 물론 교회 독서에서도 외경을 계속 쓰기로 결정했고(대담한 조치였지요), 루터교 역시 개인적으로는 외경을 공부할 수 있도록 했습니다. 그러나 성공회와 루터교 모두 덧붙여진 책들을 성서의 부록으로 따로 모아 외경이라는 이름을 붙였습니다.

신약

앞서 그리스도교인들이 아주 이른 시기부터 복음서 저자들과 서신 저자들의 글을 수집하기 시작했으며 머지않아 이 글들을 권위 있는 '경전'으로 대했음을 살펴본 바 있습니다. 이를테면 기원후 1세기 말 로마 주교 클레멘스는 고린토 교회에 편지를 쓰면서 바울의 고린토인들에게 보낸 두 편지를 구약 경전과 같은 구속력 있는 권위를 지닌 것처럼 인용합니다. 마찬가지로 순교자 유스티누스는 복음서를 구약과 동등한 것처럼 대하고 인용합니다.

그러나 어떤 그리스도교 문헌이 이처럼 특별한 지위를 누렸고 어떤 문헌은 그러지 못했는지 알려 주는 목록에 대해서는 아직 이야기하지 않았습니다. 일반적으로 이러한 목록을 처음 만든 사람은 3장에 등장한 이단자 마르키온이라고 알려져 있습니다. 마르키온이 제시한 목록은 하나의 복음서(잘못된 부분들을 삭제하여 탈유대화한 루가의 복음서)와 갈라디아인들에게 보낸 편지로 시작되는 바울 서신 몇 편으로 이루어져 있어 짧습니다. 갈라디아인들에게 보낸 편지는 그리스도께서 자신을 따르는 이들을 "율법의 저주"로부터 구원하실 것이라는 바울의 신념을 가장 분명하게 드러내는데, 마르키온은 이를 '유대교로부터의 구원'이라고 해석했습니다.

어떤 학자들은 마르키온이 '정경' 목록을 작성함으로써 선례를 만들었고 그리스도교 교회가 이를 대체하는 방식으로 따라갔다고 주장합니다. 마르키온이 주류 그리스도교 저자들(로 여겨지는 사람들)을 자극해 막연하게 규정된 신약을 고수하지 않고 정통파인 자신들이 경전으로 받드는 책의 목록을 만들게 했다는 것이지요. 그러나 이것이 사실이라 해도, 초기 그리스도교 저자들은 이를 거의 알아차리지 못한 것처럼 보입니다. 그들은 마르키온이 구약을 거부함으로써 정통 저술가들이 구약을 옹호하고 교회에서 구약의 정당한 위치를 규정하도록 만들었다는 점에서 중요하다고 서슴없이 주장합니다. 이들 중 마르키온의 신약 정경 규정이 영향력 있다고 생각한 이는 아무도 없는 듯합니다. 그리스도교 경전의 경계에 대한 관심이 막 생겨난 시대에 마르키온이 살았고, 그가 이 흐름을 증언한 최초의 증인이 된 것은 순전히 우연이라고 보는 편이 더 나을 것입니다. 그리스도교 저자들이 마르키온을 논박해야 한다는 생각에 자극을 받았든 아니든, 2세기 중반부터 이들은 '신약'의 어떤 책들이 정말로 하느님의 영감을 받은 것인지, 사도가 쓴 것인지, 경전다운 것인지 관심을 보였으며 이런저런 목록들을 제시했습니다.

4세기 에우세비우스와 아타나시우스는 각기 고전적인 목록을 제시했습니다. 이 목록들의 내용은 서로 아주 유사하고, 오늘날 신약 목록과 상당 부분 일치합니다(아타나시우스의 목록은 정확히 일치하지요). 좀 더 흥미로운 점은 이들이 책을 분류하며 사용한 범주들입니다.

에우세비우스는 세 가지 범주(보편적으로 인정받는 책들(그리스어로는 '호모레구메나'ὁμολεγούμενα), 지위에 관해서 논쟁이 있지만 교회 내에서 널리 읽히는 책들('안티레고메나'ἀντιλεγόμενα), 거짓이므로 배제할 책들('노타'νόθα))을 제시했습니다. 「헤르마스의 목자」The Shepherd of Hermas, 「바나바 서신」The Epistle of Barnabas, 「사도들의 가르침」The Teaching of the Apostles 등이 세 번째 범주에 속했으며, 이들은 초대 교회에서 널리 공경받았지만 에우세비우스 시대의 그 어떤 주류 교회도 정경으로 인정하지 않았습니다. 주목할 것은 논쟁이 있는 책들이라는 두 번째 범주입니다. 에우세비우스에 따르면 여기에는 야고보의 편지, 유다의 편지, 베드로의 둘째 편지, 요한의 둘째 · 셋째 편지가 포함됩니다. 우리가 알고 있는 신약의 나머지 책은 모두 첫 번째 범주에 속합니다. 요한의 묵시록은 특수한 경우로, 동방 교회에서는 미래에 관한 이 책의 추측이 선동적이라는 생각이 퍼져 있었습니다. 에우세비우스는 요한의 묵시록이 첫 번째 혹은 세 번째 범주에 속할 수 있다고 말했습니다. 즉, 어떤 이들은 이 책이 보편적으로 인정받는다고 생각하지만 다른 이들은 이것이 거짓이라고 생각한다는 것입니다. 논리적으로 따져 보면 요한의 묵시록이 두 번째 범주에 속해야 마땅하지만, 에우세비우스는 이 점을 알아차리지 못하는 듯합니다. 따라서 이 책은 사실상 별개의 범주로 남아 있습니다(에우세비우스가 그렇게 확신했다는 뜻은 아닙니다).

이 지점에서 우리는 중요한 논점을 여럿 발견할 수 있습니다. 첫째, 정경성canonicity은 단순히 어떤 책을 정경에 포함하느냐 배제하느냐의 문제가 아니었습니다. 위상이 불분명한 책들과 관련된 범주가 있고, 이는 구약의 제2 정경과 유사했습니다. 책들은 두 개의 범주가 아니라 세 개의 범주로 나뉘었습니다. 공식 정경이 이러했다면 실용적 의미의 정경의 경우에는 이런 경향이 더욱 뚜렷합니다. 모든 그리스도교 저자에게는 자신이 충분히, 자주 인용하는 책들(범주 1), 그리고 다른 이들이 권위를 부여하더라도 자신은 인정할 수 없는 다른 책들(범주 3)이 있습니다. 그러나 원칙적으로는 권위를 받아들이지만 거의 인용하지 않는 책들, 또는 원칙적으로는 배제되지만 여전히 인용하는 책들이 속한 경계 영역이 거의 언제나 존재했습니다. 그 좋은 예는 사도행전으로, 그리스도교 저자들은 보통 이 책을 정경이라고 생각했지만 인용하는 경우는 드물고, 사도행전의 나머지 반쪽인 루가의 복음서와 비교하면 상당한 차이가 납니다. 또 다른 예는 「헤르마스의 목자」로, 이 책은 정경이 아니라고 선언된 뒤로도 고대 세계에서 오랫동안 읽혔으며 예배 때 독서 본문으로 쓰이기 위해 여러 부분으로 나누어지기도 했습니다. 기원후 4세기 중반에 만들어진 위대하고 권위 있는 시나이 사본을 비롯한 고대 성서 필사본에는 종종 「헤르마스의 목자」가 들어 있습니다.

둘째, 에우세비우스가 제시한 목록을 보면 교회가 신약의 책들을 식별하고 규정한 것처럼 보이지만, 실제 대다수 교회는 기존의 목록에 별다른 의심을 하지 않았습니다. 에우세비우스의 목록에 포함되었다는 이유로 마태오의 복음서를 진지하게 읽기 시작한 사람은 아무도 없었습니다. 에우세비우스가 제시한 목록은 이미 모두가 정경으로 인정한 책들이었습니다. 이런 목록을 통해 판정을 내리는 대상은 오직 정경의 주변부에 속한 책뿐이었습니다. 그리고 이 점에서 이러한 목록은 우리에게 특별히 새로운 사실을 알려주지는 않습니다. 에우세비우스가 엄숙하게 사람들이 베드로의 둘째 편지와 요한의 셋째 편지의 지위에 관해 의견을 통일하지 못하고 있다고 말할 때 여기에는 다소 우스운 면이 있습니다. 짐작건대 당시 사람들은 이미 이 사실을 알고 있었고 어쩌면 그때문에 에우세비우스가 제시한 목록을 보았기 때문입니다. 사람들은 에우세비우스가 물음에 대한 답을 주기를 바랐습니다. 하지만 그는 문제가 무엇인지를 진술하고 미해결 상태로 방치했지요. 구약과 마찬가지로 신약은 그 경계가 흐릿했습니다. 에우세비우스는 어디까지나 그 흐릿한 경계를 식별했을 뿐입니다.

셋째, 에우세비우스는 두 물음('어떤 책이 정통인가, 비정통인가?' 그리고 '어떤 책이 정경인가, 비정경인가?')을 혼동하는 것처럼 보입니다. 그가 규정한 '노타', 거짓인 책들은 그 내용이 비정통이거나 그리스도교인들을 호도한다는 이유로 읽는 것을 금지한 책이 아닙니다. 이 책들은 에우세비우스 시대의 그리스도교인들이 신약에 속하지 않는다고 정한 것에 불과합니다. 이 책들은 정통이지만 비정경으로, 오늘날 그리스도교인들이 읽는 C. S. 루이스C. S. Lewis의 작품과 같은 것입니다. 완전히 정통이지만 분명히 성서는 아닌 문헌 말이지요. 그다음 에우세비우스는 사실상 네 번째 범주, 즉 비정통에 이단적이고 전적으로 비난받아 마땅한, 그 어떤 그리스도교인도 읽어서는 안 될 책들을 이야기하면서 베드로의 복음서를 예로 듭니다. 그에 따르면 이 책은 "가짜보다도 더 나쁜" 저작입니다. 요한의 묵시록에 이르면 그는 도중에 입장을 바꾸는 것처럼 보이며 이 책의 경전으로서의 지위를 문제 삼는 것인지, 아니면 그 정통성을 문제 삼는 것인지 분간하기 어려워집니다. 정통이라면, 이 책은 논리적으로 첫 번째 범주 혹은 세 번째 범주에 속할 수 있습니다. 비정통이라면, 이 책은 다른 이단 저작들과 함께 림보로 보내야 합니다. 그러나 여기서도 에우세비우스는 문제가 있다고만 말할 뿐 답을 주지 않습니다.

이를 통해 알 수 있는 것은 특정 책을 경전으로 인정하는 과정은 지극히 자연스럽게 진행되었으며, 교회가 규율하는 문제가 아니었다는 점입니다. 신약의 핵심 부분은 아주 일찍 받아들여져서, 나중에 이루어진 여러 판정은 명백한 사실을 재확인할 뿐이었습니다. 그리고 의심스러운 부분이 있을 때

이러한 판정은 너무나 자주 문제를 방치했습니다.

따라서, 정경화가 경전으로 인정받은 책들의 배타적 목록을 만드는 과정이었음을 입증하기에는 고대 교회의 증거들이 너무 빈약합니다. 신약의 책 중 대부분은 교회에서 자연스럽게 받아들였고 의심스러운 책들도 신자들이 교회의 명령에 따라 최종적으로 받아들이거나 거부하는 경우는 드물었습니다. 합의는 천천히 이루어졌습니다. 성서의 모든 책이 같은 형식으로 인쇄되어 모두 동등한 지위를 가진 것처럼 보이는 오늘날에도 성서를 읽는 대다수 그리스도교인은 실제로는 그렇지 않다는 것을 압니다. 에우세비우스는 베드로의 둘째 편지, 요한의 셋째 편지의 지위를 확신하지 못했고 이는 오늘날 대다수 그리스도교인도 마찬가지입니다. 또한, 각 교단에서는 여전히 교회에서 요한의 묵시록을 읽는 것이 바람직한지 고민하고 있습니다.

하지만 기원후 4세기 그리스도교 교회의 한 권위자는 우리에게 전해진 형태의 신약 목록을 그대로 인정했습니다. 그 증거는 바로 기원후 367년 아타나시우스가 자기 교구의 성직자들에게 보낸 편지입니다. 사도행전이 바울 서신이 아니라 공동 서신 앞에 놓이는 구식 배열이 여전히 남아 있지만, 다른 모든 면에서 이 목록은 오늘날 목록과 일치합니다.

신약을 이루는 책들이 무엇인지 이야기하는 것은 결코 지루한 일이 아닙니다. 먼저 마태오, 마르코, 루가, 요한이 전한 네 복음서가 있습니다. 그다음, 사도행전과 공동 서신이라 불리는 사도들의 일곱 서신, 곧 야고보의 편지 하나, 베드로의 편지 둘, 요한의 편지 셋, 그리고 유다의 편지 하나가 있습니다. 이에 더해 사도 바울의 서신 열네 편이 있는데, 순서는 다음과 같습니다. 첫째, 로마인들에게 보낸 편지, 그다음 고린토인들에게 보낸 편지 둘, 그 뒤에 갈라디아인들에게 보낸 편지, 그다음 에페소인들에게 보낸 편지, 그리고 필립비인들에게 보낸 편지, 그다음 골로사이인들에게 보낸 편지, 그다음 데살로니카인들에게 보낸 편지 둘, 그다음 히브리인들에게 보낸 편지, 그다음 다시 디모테오에게 보낸 편지 둘, 디도에게 보낸 편지 하나, 그리고 마지막으로 필레몬에게 보낸 편지입니다. 그리고 요한 계시록이 있습니다. 이것들이 곧 구원의 샘이며, 목마른 자는 이것 안에 담긴 살아 있는 말씀을 마시고 만족할 것입니다. 오로지 이 책들만이 신앙에 관한 참된 가르침을 선포합니다. 누구도 여기에 더하지 마십시오. 여기서 그 무엇도 빠뜨리지 마십시오.

이것이 바로 엄격하고 엄밀한 의미의 정경화, 즉 이 책들을 그리고 이 책들만을 성경으로 간주해야 한다는 선언입니다. 이 지점에 이르면 우리는 비로소 그리스도교 성서가 완성되었다고 말할 수 있습니다.

결론

이 책에서 우리는 서로 별개이지만 여러 지점에서 맞물리는 두 과정을 살펴보았습니다. 첫째는 오늘날 성서를 형성하는 다양한 책들이 저술된 과정입니다. 둘째는 이 책들이 거룩한 경전으로 받아들여지면서 다른 모든 책과 구별되는 과정입니다. 두 과정 모두 한없이 복잡하지만, 일반적 경향과 원리 몇 가지는 파악할 수 있습니다.

성서에 속한 책들이 기록된 과정부터 생각해 보겠습니다. 구약과 신약을 만들어 낸 모든 문화권에서는 글을 읽고 썼습니다. 이러한 능력이 널리 퍼져 있지는 않았으나 오늘날 사람들처럼 읽고 쓰는, 상당히 전문화된 대규모의 엘리트 집단이 있었으며, 이들은 동시대인이 읽을 정교한 문서를 만들어 냈습니다. 구약과 신약 시대 모두 전문적인 의미에서 서기관이라 불리는 사람들이 있었습니다. 이들이 정확히 어떠한 일을 했는지 상세한 정보는 없지만, 단순히 고대의 워드 프로세서 같은 존재는 아니었으며 독창적이고 창의적인 저작을 생산했다는 점은 분명합니다. 구약 본문의 상당 부분은 이러한 사람들의 손을 거쳐 우리에게 전해졌고, 이 같은 본문은 최고 수준의 문학적 탁월함을 지니고 있습니다.

하지만, 두 가지 점에서 고대 세계는 오늘날 세계와 명백한 차이를 보입니다. 첫째, 고대 세계는 문자보다 입말을 통해 전달되는 사상, 이야기, 시, 격언을 매우 중시했습니다. 읽고 쓸 줄 아는 문화에서는 글을 통한 전달에 비하면 구전은 믿을 수 없다고 생각하는 경향이 있고 오늘날 문화에서도 마찬가지인데, 고대 이스라엘과 초대 교회에서는 정확한 기억에 의거해 막대한 양의 축적이 이루어졌습니다. 당시에는 잘 훈련된 기억에 견주면 글쓰기는 차선책이라는 믿음을 다양한 방식으로 표현했습니다. 초기 그리스도교인들은 특히 이러한 입장을 보였지요. 때로 그들은 복음서를 경전보다는 설교자나 교사가 예수 이야기를 기억하게 만드는 일종의 자료 보관소로 여겼습니다. 그래서 초기 그리스도교 저자들은 복음서를 부정확하게 인용하곤 합니다. 그리스도교에서는 두루마리보다 코덱스를 선호했습니다. 이는 당시 신자들이 복음서를 격식 있는 책이 아니라 비공식적인 기록물, 메모 비슷한 문서로 여겼다는 사실을 반영하는지도 모릅니다. 고대 이스라엘에서도 역사에 관한 기억들은 누군가가 기록하기 전까지 오랫동안 구전으로 전해졌을 것이며, 엘리야와 엘리사 이야기처럼 전설에 가까운 자료들은 특히나 그러했을 것입니다.

둘째, 고대 저술가들은 독창적인 창작에 관해서 우리와 달리 생각했습니다. 이들의 저작 중 상당수는 여러 시대에 속한 저자들과의 협력의 산물입니다. 그들은 이미 존재하는 문서에 무언가를 더하거나 빼고, 문서를 자신의 고유한 목적에 부합하도록 변경하고, 새로운 판본을 만들고, 일부를 잘라 내 다른 부분들과 새롭게 합치고, 우연히 접한 구전 자료를 접목했습니다. 이 같은 문화에서 만들어 낸 책은 우리가 아는 책과는 종류가 다릅니다. 우리는 책이라고 하면 일정한 모양을 갖추고 기승전결이 있으며, 시종일관 같은 문체로 기록되고, 특정한 주장을 내세우기 위해 구상된 물체를 떠올리지요. 고대 세계의 책을 오늘날의 방식으로 설명한다면, 어떤 사람이 자신이 받은 여러 이메일을, 이것들이 서로 전혀 다른 곳에서 왔음을 숨기고 하나로 묶어 단일한 형식으로 인쇄한 모음집 정도가 될 것입니다.

그렇지만 오랜 세월이 지나면서 분명히 구별되는 책들이 나타났습니다. 제목이 붙고 저자가 누구라고 주장하기 시작했습니다. 그리고 경전의 몇몇 책들(바울 서신이 대표적이지만 구약에서도 룻기, 요나 등 일부는 이에 해당합니다)은 처음부터 특정한 한 명의 저자가 특정 의도를 가지고 교훈을 전하려 쓴, 오늘날 기준의 책이었습니다.

개별 책들을 더 큰 선집으로 모으는 과정, 그리고 이 선집이 독특한 종교적 지위를 가진다는 생각이 형성되는 과정 역시 매우 복잡했습니다. 보통 이 과정의 전부 혹은 일부를 성서의 정경화라고 부르지만, 이 책에서는 이 과정의 마지막 단계를 가리키는 데만 이 말을 썼습니다. 이 마지막 단계에 이르면 일정한 목록에 포함된 책 외에는 그 어떤 책도 성서로 인정하지 않으며 결코 그럴 수 없다는 선언을 분명하게 제시합니다. 여기에 이르기까지 분명 여러 단계가 있었습니다.

먼저, 책을 수집해야 했습니다. 이를테면 모세의 책들은 모여서 오경 혹은 토라를 이루었으며 바울의 편지들은 바울 선집을 이루었습니다. 이들은 각기 다른 상황에서 나온 개별 작품이 아니라 동일한 신학을 일관되게 표현하는 모음집으로 널리 퍼졌습니다. 그다음, 신자들은 이러한 모음집을 세속의 책들과는 다른 방식으로 해석했습니다. 이를테면 우의로 해석하거나 보편적인 유효성을 지닌 것으로, 혹은 감춰진 풍부한 의미가 있는 것으로 해석했지요. 마지막으로 유능한 권위자가 나서서 경전의 범주가 가득 찼음을 선언하고 선집에 관한 논의에 종지부를 찍습니다. 이로써 선집은 '성서'로 탈바꿈합니다.

이 가운데 마지막 단계는 오해의 여지 없이 정경화라고 부를 수 있습니다. 하지만, 구약에서나 신약에서나 이 단계는 생각만큼 중요하지 않습니다. 유대교에서는 히브리 경전의 정확한 범위를 규정한 권위 있는 기록이 전혀 없고, 이러저러한 책의 권위가 의심된다는 산발적인 언급이 있을 뿐입니다(집회서는 정경이 아니라고 판정되었음을 우리가 알고 있는 거의 유일한 책입니다). 그리스도교에서는 여러 명의 초기 저자들이 신약 정경 목록을 제시하지만, 이 목록에 적힌 책의 대부분은 당시 신자들은 당연히 경전으로 여기던 문헌들이었습니다(기원후 4세기 그리스도교인들에게 로마인들에게 보낸 편지가 정경이라는 주장은 전혀 새로운 주장이 아니었습니다). 그렇지 않은 책의 경우 그들은 그 책의 지위가 불확실하다고만 적을 뿐 그

지위를 판정하지는 않습니다.

　이 책에서 단 하나만 기억해야 할 부분이 있다면 그것은 바로 이 마지막 이야기와 연관이 있습니다. 오늘날 성서에 포함된 책들의 지위가 논란에 휩싸인 경우는 지극히 드물었습니다. 구약과 신약의 주변부에 있는 몇몇 책은 교회에서 지위가 불분명했고, (이론상으로는 아닐지언정) 여전히 불분명합니다. 구약에 관해 이야기하자면, 개신교에서 외경이라고 부르는 것들은 그리스도교 교회에서 논쟁과 긴장을 불러일으켰습니다. 그러나 대다수 그리스도교인은 외경에 속한 책을 엄밀한 의미의 구약에 속한 대다수 책만큼 중시한 적이 단 한 번도 없습니다. 외경인 솔로몬의 지혜는 초기 그리스도교 저자들이 매우 좋아했으며 어떤 경우에는 정경이지만 짧고 주변부에 있는 나훔보다 더 중시했던 적도 있습니다. 그러나 이와 같은 경우를 더 발견하기는 어렵습니다. 초대 교회는 외경도 거룩한 경전으로 여겼지만 많이 활용하지는 않았습니다. 신약 정경도 마찬가지입니다. 히브리인들에게 보낸 편지와 요한의 묵시록에 관한 논쟁이 있었으나, 이 책들을 정경에 포함시키는 데 동의한 이들도 저 문헌들을 마태오의 복음서나 로마인들에게 보낸 편지만큼 자주 활용하지는 않았습니다.

논란은 언제나 성서의 중심부가 아닌 주변부에서 발생했습니다. 유대교든 그리스도교든 구약과 신약의 중심부가 무엇인지에 대해서는 누구도 이의를 제기하지 않았습니다. 성서는 특정한 책들을 신자들이 거룩한 책으로 받아들이면서 형성되었습니다. 때로는 이러한 현상을 뒷받침하기 위해 차후에 이유를 발견(혹은 발명)하기도 했지요. 어떤 책을 거룩한 책으로 여길 경우 사람들은 저술 연대, 원저자 등에서 그 이유를 찾았습니다. 하지만 실제로 그 책들이 거룩한 책이 된 이유는 그 책들이 아득한 옛날부터 읽혔다고 사람들이 생각했기 때문입니다. 어떤 경우 이는 참입니다. 이를테면 데살로니카인들에게 보낸 첫째 편지는 실제로 그리스도교 역사 중 가장 초기에 나온 문헌이며 시편의 상당 부분은 다윗 시대까지 거슬러 올라갈지도 모릅니다. 하지만 어떤 경우 이는 사실과 들어맞지 않습니다. 베드로의 둘째 편지는 사도 베드로가 쓰지 않았으며 1세기 말 혹은 2세기 저자가 위명으로 썼습니다. 신명기는 모세가 아니라 (아마도) 기원전 7세기와 5세기 사이에 활동했던 저자들이 썼습니다. 하지만, 실제로 사실이든 그렇지 않든 그러한 생각 덕분에 성서에 속한 책들은 범접할 수 없는 위상을 지니게 되었습니다. 누군가 이런저런 책을 정말 경전으로 받아들여야 하는지 아닌지를 적극적으로 묻기까지는 오랜 시간이 걸렸습니다. 그때까지 사람들은 오랜 기간 거룩한 책으로 여겨져 왔던 책들을 거룩한 책으로 읽었습니다. 성서는 어떤 규정의 산물이 아닙니다. 식물이 자라듯, 성서는 오랜 시간에 걸쳐 자라나 성서가 되었습니다.

용어 해설

우의allegory 본문의 표면상 의미가 더 심오한 진실을 가리킨다고 믿는 본문 해석 방식. 그리스와 히브리 문화에서 찾아볼 수 있고, 그리스도교인들이 이를 열렬하게 받아들였습니다.

대필자amanuensis 저자의 말을 속기로 받아 적는 비서.

외경apocryphal 그리스어 구약, 즉 70인역에는 있지만 히브리 성서에는 포함되지 않는 책들. 개신교 성서는 이 책들을 따로 모아 외경이라는 부록으로 덧붙입니다.

아람어Aramaic 셈어에 속하는 언어로 히브리어와 어느 정도 유사성을 보입니다. 알렉산드로스 대왕의 정복으로 그리스어가 널리 쓰이게 되기 전까지 고대 세계의 공용어였지요. 예수 시대에 팔레스타인 지방의 일상어였을 것으로 보이며, 페르시아 통치기(기원전 6~4세기)에 히브리어를 몰아내고 그 자리를 차지했습니다. 히브리어와 아람어는 오늘날의 독일어와 네덜란드어 정도로 가깝지만, 서로 통하지는 않습니다.

성궤ark 유대교 회당에서 오경을 보관해 두는 상자. (노아의 방주Noah's ark와는 관계가 없습니다. 이 둘은 히브리어에서 전혀 다른 단어입니다.)

진본authenticity 어떤 문서가 주장하는 저자와 진짜 저자가 일치하는 상태. 이를테면 로마인들에게 보낸 편지가 본문의 주장대로 정말 바울이 쓴 것이라면 이것은 진본입니다. 어떤 문서가 진본이 아니라고 해서 반드시 그 내용이 저급한 것은 아닙니다.

열두 예언서 The Book of the Twelve 그리스도교 성서에서 '소예언서'로 분류되는 책들을 가리키는 유대교 전통 용어. 호세아, 요엘, 아모스, 오바디야, 요나, 미가, 나훔, 하바꾹, 스바니야, 하께, 즈가리야, 말라기가 있습니다.

정경canon　특정 교회에서 경전으로 받아들여지는 책들의 공식 목록.

정경화canonisation　어떤 책을 정경으로 받아들이는 것. (더 느슨한 의미로는) 어떤 책이 경전으로서의 위상을 지닌다고 인정하는 것.

공동 서신catholic epistles　야고보, 베드로, 요한, 유다의 편지들. (바울 서신처럼) 특정 교회가 아니라 모든 그리스도교인을 위해 저술되었다고 간주됩니다. 일반 서신general epistles이라 불리기도 합니다.

그리스도론Christology　그리스도의 본성, 그리스도와 성부의 관계를 탐구하는 이론.

코덱스codex　표지 두 장으로 싸여 제본된, 장을 넘기면서 읽는 책. 고대 세계에서는 공책으로만 이용되었는데, 그리스도교에서는 (이유는 알 수 없지만) 경전을 만드는 일반적 형식으로 자리잡았습니다.

언약covenant   이스라엘과 하느님 사이의 특별한 관계. 이스라엘과 하느님 모두 서로에 대한 의무를 지고 있습니다.

쐐기 문자cuneiform   고대 메소포타미아 지방에서 사용된 기록 방식. 쐐기 모양의 필기구를 이용하여 돌판이나 점토판에 기호를 새겼습니다.

제2 정경deuterocanonical   개신교 성서에서 외경이라고 부르는 준準정경 저작들을 가리키는 로마 가톨릭 용어.

신명기 역사 Deuteronomistic History   여호수아, 판관기, 사무엘, 열왕기를 일컫는 현대 학술 용어. 이 책들의 주제는 많은 부분 신명기의 사상과 유사합니다. 유대교 전통에서는 전기 예언서Former Prophets라고 알려져 있습니다.

디아테사론Diatessaron   기원후 2세기 타티아누스가 만든 '네 복음서 발췌 합본'. 중세까지도 여러 언어로 읽혔습니다.

회람 편지encyclical 교황이 자기 관할에 있는 모든 교회에 보내는 편지. 이 책에서는 여러 교회들이 읽도록 의도된 바울의 편지(특히 에페소인들에게 보낸 편지)를 가리키기 위해 우의적으로 사용되었습니다.

구경Enneateuch 초기 그리스도교에서 오경과 신명기 역사를 합쳐서 부른 이름.

서신epistle '편지'를 가리키는 옛말. 성서학에서는 여전히 흔하게 사용됩니다.

종말론eschatology 그리스도교 신학에서는 사말四末(죽음, 심판, 천국, 지옥)에 관한 가르침을 뜻합니다. 성서학에서는 인간 역사의 절정을 이루는 종말에 대한 믿음 체계를 가리킵니다.

에티오피아어Ethiopic 에티오피아에서 사용되는 다양한 언어를 통칭하는 말. 히브리어와 구별되면서도 연관됩니다.

에우앙겔리온εὐαγγέλιον(evangelion) '복음'을 가리키는 그리스어 단어.

유수Exile　기원전 598년과 587년에 일어난 재앙과도 같은 사건으로, 유다 왕국의 지배층 다수가 바빌론으로 끌려가고 예루살렘과 그 성전은 파괴되었습니다. 따라서 포로기 이전pre-exilic과 포로기 이후post-exilic는 590년대 이전과 이후를 가리킵니다.

영지주의gnosticism　기원후 첫 몇 세기 동안 유행한 사상 체계로, 영과 육을 명확하게 구분하고 예수 그리스도의 아버지인 성부가 악한 물질 세계에 관여하는 경우는 이 세계로부터 인간들을 구하려 할 때뿐이라고 믿습니다.

토마스의 복음서 Gospel of Thomas　예수의 발언을 일부 보존하고 있는 문서로, 이집트에서 발견되었고 일부 학자들은 이것이 진본이라고 믿습니다. 서사는 포함되어 있지 않습니다.

하프타라הפטרה, haftarah(복수형은 하프타롯haftarot)　유대교 회당의 전례에서 제2 독서에 해당하는 것. 예언서에서 발췌합니다.

육경Hexateuch　그리스도교에서 오경과 여호수아를 합쳐서 부르는 이름.

이스라엘Israel 하느님의 백성. 사울의 시대부터 기원전 598년의 유수 이전까지 팔레스타인 지방을 지배한 민족 국가의 이름이기도 하며, 기원전 721년 이전에는 사마리아를 수도로 삼은 북쪽 왕국의 이름이었습니다. 남쪽에는 유다 왕국이 있었지요.

요한계Johannine 요한John에서 파생된 말이며, '요한계 문서'라 하면 요한의 복음서, 요한의 세 편지, 요한의 묵시록을 가리킵니다.

유다Judah 다윗의 시대부터 유수 이전까지 존재한 두 히브리 왕국 중 남쪽 왕국. 유수 이후 거의 같은 지역에 해당하는 페르시아 속주는 예후드Yehud라 불렸습니다.

LXX 로마 숫자 70으로, 70인역 성서를 가리킵니다. 유대교 전설에 따르면 이 성서를 만들어 낸 번역자가 70명이었습니다.

마카베오Maccabees 기원전 2세기에 유대인의 자유를 위해 싸운 투사들. 이교도 왕 안티오코스 에피파네스(안티오코스 4세)

의 억압적인 정책에 반대했습니다.

미슈나Mishnah   토라의 내용에 관한 여러 판정을 정연하게 모은 선집. 기원후 2세기에 랍비인 지도자 유다Judas the Prince가 집성했습니다.

무라토리 단편 Muratorian Fragment   기원후 2세기에 나왔다고 한때 알려졌던 성서 정경 목록 단편. 오늘날에는 4세기 문헌으로 추정하기도 합니다.

파피루스papyrus   이집트에서 주로 자라는 갈대이며, 이것을 가지고 종이 등을 만들었습니다. 성서 시대에 글쓰기의 주요 재료였습니다.

목회 서신 Pastoral Epistles   디모테오와 디도에게 보낸 바울의 편지들. 교회에서 성직을 수행하는 것에 관한 내용이 거의 전부입니다. 보통 위명으로 작성되었다고 여겨집니다.

교부patristic   기원후 첫 500년의 그리스도교 저자들('아버지들').

바울계Pauline   바울에게서 나온. '바울계 서신들'처럼 쓰입니다.

오경Pentateuch   '모세의 책' 다섯 권. 창세기, 출애굽기, 레위기, 민수기, 신명기를 가리킵니다.

위명성pseudonymity   어떤 책이 진짜 저자가 아닌 다른 사람을 저자로 내세우는 관행. 이때 다른 사람은 보통 고대의 선지자(에녹, 에즈라, 다니엘)이거나 사도(목회 서신의 경우)였습니다.

Q   마태오의 복음서와 루가의 복음서에 공통으로 존재하지만 마르코의 복음서에는 없는 자료를 설명하기 위해 가설로 제안된 문서. 독일어 단어 '크벨레'Quelle, 즉 '원천'의 첫 글자를 땄습니다.

코헬렛Qoheleth   전도서의 히브리어 이름. 이 책의 저자의 이름 혹은 직함입니다.

랍비rabbis, **랍비의**rabbinic   일반적으로 랍비란 토라의 내용에 관해 공식적으로 발언할 수 있는 권위를 지닌 유대교 교사를 가리킵니다. 보다 구체적으로는 바리사이파의 계승자들로, 유대교 율법을 미슈나와 탈무드로 성문화했고, 이들이 주도한 유대교가 신약 시대에 존재한 다양한 '유대교들'을 대체했습니다.

계시revelation   보통의 방법으로는 알 수 없는 것을 하느님이 드러내 보여 주는 일.

권축rollers   두루마리 양 끝에 붙이는 두 개의 단단한 막대. 두루마리가 한 손에서 다른 손으로 말려 갈 수 있도록 해 줍니다.

서기관scribe   영어 단어 '세크러테리'secretary처럼 아주 다양한 의미로 쓰였으며, 궁정 관리, 행정 공무원, 전문 작가 등을 가리켰습니다. 복음서에서는 토라를 가르치는 이들을 가리킬 때도 쓰이지만, 구약에서는 보통 종교 영역에 국한되지 않고 글쓰기를 생업으로 삼는 이들을 뜻했습니다.

70인역 Septuagint   구약의 그리스어 번역본 가운데 가장 중요한 판본. 기원전 4세기부터 1세기 사이에 이집트에서 주로 만들어졌습니다.

공관 복음 Synoptic Gospels(the Synoptics) 마태오, 마르코, 루가의 복음서. 상당 부분 동일한 이야기를 들려 주고, 예수의 삶에 관한 공통된 시각을 공유합니다. 요한의 복음서와는 대비 됩니다.

탈무드Talmud 기원후 2~6세기에 편찬된, 미슈나에 관한 랍 비들의 주석집. 바빌론 탈무드와 팔레스타인 탈무드 두 종류 가 있습니다. 모두 합치면 수백만 단어에 이릅니다.

사경Tetrateuch 학자들이 창세기, 출애굽기, 레위기, 민수기를 부르는 이름. 즉, 오경에서 신명기가 제외된 것입니다.

토라Torah 유대인의 특징적인 삶을 규율하는 가르침 또는 지 침. '율법'과 같은 의미로 쓰이곤 합니다. 오경을 부르는 다 른 이름으로도 쓰입니다. 오경은 랍비와 현자들의 가르침 이 축적된 구전 토라와 대비하여 성문 토라라고 불리기도 했 습니다.

인물 해설

여기에 실린 아주 간략한 생애는 각각의 인물이 그리스도
교 성서가 형성되는 과정에서 어떤 기여를 했는가에 주목
합니다.

아타나시우스Athanasius (296~373)

이집트 알렉산드리아의 주교. 그가 367년에 쓴 부활 축일 서
신은 지금의 성서와 완전히 일치하는 신약 경전 목록을 최초
로 나열했다는 점에서 주목할 만합니다.

히포의 아우구스티누스Augustine of Hippo (354~430)

지금의 알제리에 있던 히포의 주교이며, 많은 저작을 남긴
설교자이자 저자. 성서 정경, 특히 제2 정경과 관련해서 히

에로니무스와 벌인 논쟁이 중요합니다(잉글랜드 남부에 복음을 전한 캔터베리의 아우구스티누스Augustine of Canterbury와 혼동하면 안 됩니다).

켈수스Celsus (2세기)

자신의 저서 『참된 담화』A True Discourse에서 그리스도교를 공격한 이교도 철학자. 오리게네스에게 공격받았습니다. 신약을 어느 정도까지 우의적으로 해석해야 하는가에 대한 두 사람의 논쟁은 성서 정경의 역사에서 중요합니다. 많은 경우에 우의적 해석은 거룩한 책을 가리키는 표식이었기 때문이지요.

알렉산드리아의 클레멘스Clement of Alexandria (150~215)

이집트 알렉산드리아의 그리스도교 교사. 그리스도교 신앙에 관해 광범위한 저서를 남겼고 복음서 주석을 썼습니다. 요한의 복음서가 "영적"이라고 불린 이유도 그에게 있는데, 그는 요한의 복음서와 공관 복음 간의 차이가 세세한 사실관계가 아니라 가르치는 방식에 있다고 생각했습니다.

로마의 클레멘스 Clement of Rome (기원후 96 활동)

로마의 주교. 40여 년 전 바울이 고린토 교회에 보낸 편지를 의식적으로 모방하여 같은 교회에 편지를 썼는데, 이는 당시 그리스도교인들이 바울의 고린토인들에 보낸 첫째 편지를 경전처럼 여겼음을 알려줍니다.

카이사리아의 에우세비우스 Eusebius of Caesarea (260~340)

최초의 그리스도교 교회 역사가. 그리스도교 신앙의 세부 사항과 관련된 여러 논쟁에서 중요한 역할을 담당했습니다. 수많은 초기 그리스도교 저자 인용이 그의 『교회사』Ecclesiastical History에만 남아 있습니다. 복음서와 다른 경전들의 기원에 관한 다양한 의견들을 전합니다.

이레네우스Irenaeus (130~200)

리옹의 주교였지만 (지금의 터키에 해당하는) 소아시아에서 태어난 것으로 보입니다. 그의 저서 『이단 반박』Adversus haereses은 당시 유행한 영지주의gnosticism를 세세하게 공격했습니다. 교회에 네 가지 복음서가 모두 필요하다고 강조했고, 신약의 다른 책들 대부분의 권위를 입증했으며, 그리스도교인들에게도 구약이 여전히 권위를 지닌다는 사실을 강조했다는 점에서 중요합니다.

히에로니무스Jerome (345~420)

그리스도교 은둔 수도사. 성서 전체를 라틴어로 번역했고, 이를 위해 히브리어를 배웠습니다(그리스어는 이미 알고 있었지요). 제2 정경과 관련해 아우구스티누스와 논쟁을 벌였습니다.

플라비우스 요세푸스Flavius Josephus (37~100)

유대인 역사가. 자신이 살았던 시대의 유대인의 역사(『유대전쟁사』The Jewish War)는 물론 성서 시대 유대인의 역사(『유대 고대사』The Jewish Antiquities)까지 광범위하게 저술했습니다. 자신의 저서 『아피온 논박』Against Apion에서는 유대 문화가 그리스 문화보다 우월하다고 주장했고, 이 과정에서 유대인들이 인정하는 경전의 숫자와 그 본질에 대해 논의했습니다.

순교자 유스티누스Justin Martyr (100~165)

팔레스타인 출신으로, 에페소와 로마에서 가르쳤고 로마에서 순교했습니다. 그의 저서 『유대인 트리폰과의 대화』 Dialogus cum Tryphone Iudaeo는 구약이 예수 그리스도를 가리키고 있다는 사실을 어떤 유대인 랍비에게 설득시키려고 시도합니다. 그리스도교 예배에서 복음서가 사용되었음을 증언한 최초의 인물 중 하나이지만, 요한의 복음서에 관한 지식은 드러나지 않는 것으로 보아 이 복음서는 알지 못했던 것으로 보입니다(물론 다른 설명도 가능하겠지요).

마르키온Marcion (기원후 160 사망)

로마에서 가르치면서 그리스도교 이단 분파를 창시했고, 머지않아 테르툴리아누스, 알렉산드리아의 클레멘스, 오리게네스의 강력한 공격을 받았습니다. 신약의 '정경' 목록을 만들었는데 이 목록은 루가의 복음서와 몇몇 바울 서신만 포함했고, 그것도 구약에 관한 언급은 모두 제거된 상태였습니다. 그리스도교가 구약을 경전으로 옹호하게 된 것은 많은 부분 마르키온의 시도에 대한 반발로 시작되었을 것입니다. 어떤 사람들은 그의 신약이 나중에 스물일곱 권으로 된 정통 정경의 본보기가 되었다고 생각합니다.

멜리톤Melito (기원후 190 사망)

사르디스의 주교. 성지를 순례하고 그리스도교 경전과 유대교 정경을 비교하기 위해 팔레스타인을 여행했습니다. 이 경험을 바탕으로 제2 정경을 배제하자는 제안을 내놓았으나 무시되었습니다.

오리게네스Origen (185~254)

초대 교회의 가장 탁월한 학자. 알렉산드리아에서 가르쳤고, 성서의 여러 책들을 주석한 것은 물론 다양한 철학 및 신학 저서를 남겼습니다. 그리스어와 히브리어로 된 성서 본문 필사본들을 수집하기도 했지요. 그의 저서를 읽어 보면 그는 우리와 비슷한 신약을 받아들였고, 구약은 그리스어로 된 더 긴 판본을 이용했습니다.

필론Philo (기원전 20~기원후 50)

알렉산드리아의 유대인 교사. 오경에 관한 그의 방대한 주석은 깊이 있는 우의적 해석을 하는 경향이 있었습니다.

타티아누스Tatian (기원후 160 활동)

아시리아 출신으로, 로마에서 순교자 유스티누스에게 배운 뒤 동방으로 되돌아갔습니다. 복음서 간의 불일치를 조화시켜 단일하고 일관된 서사를 갖춘 '네 복음서 발췌 합본'을 편찬했고 이를 『디아테사론』이라 불렀습니다. 이 복음서는 시리아에서 5세기까지 사용되었고, 중세에도 다양한 서구 언어로 번역되어 '예수의 생애' 정도로 받아들여졌습니다.

테르툴리아누스Tertullian (160~225)

북아프리카 카르타고 출신이며 법률가였던 것으로 보입니다. 197년 무렵 그리스도교로 개종하여, 자신이 이단이라 생각하는 사상 체계들에 대항해 그리스도교 신앙을 옹호하는 논쟁적 저작들을 쓰기 시작했습니다. 그 자신은 죽는 날까지 카리스마적·종말론적인 몬타누스주의를 신봉했지만 말이지요. 마르키온에 대한 그의 공격(『마르키온 논박』Adversus Marcionem)은 우리가 마르키온주의에 관해서 알고 있는 거의 모든 지식을 담고 있으며, 신약의 일부만을 받아들이고 구약을 전적으로 배제한 마르키온의 최소주의에 관해서도 기록하고 있습니다.

존 바턴 저서 목록

· **Amos's Oracles against the Nations** (Cambridge: Cambridge University Press 1980)

· **Reading the Old Testament: Method in Biblical Study** (London: Darton, Longman & Todd and Philadelphia: Westminster Press 1984)

· **Oracles of God: Perceptions of Ancient Prophecy in Israel after the Exile** (London: Darton, Longman & Todd, 1986)

· **People of the Book? The Authority of the Bible in Christianity** (London: SPCK, 1988)

· **Love Unknown: Meditations on the Death and Resurrection of Jesus** (London: SPCK, 1989)

· **Isaiah 1-39** (Sheffield: Sheffield Academic Press 1995)

· **The Spirit and the Letter: Studies in the Biblical Canon** (London: SPCK 1997)

· **What is the Bible?** (London: SPCK 1991)

· **The Future of Old Testament Study** (Oxford: Oxford University Press 1993)

· **Making the Christian Bible** (London: Darton, Longman & Todd 1997) 『성서의 형성』 (비아)

- **Ethics and the Old Testament** (London: SCM Press 1998) 『온 세상을 위한 구약 윤리』(IVP)

- **Joel and Obadiah: A Commentary** (Louisville, Kentucky: Westminster/John Knox Press 2001)

- **Understanding Old Testament Ethics** (Louisville, Kentucky: Westminster John Knox Press 2003)

- **Living Belief: Being Christian, Being Human** (London: Continuum 2005)

- **The Nature of Biblical Criticism** (Louisville, Kentucky: Westminster John Knox, 2007)

- **The Old Testament: Canon, Literature and Theology: Collected Essays of John Barton** (Aldershot: Ashgate, 2007)

- **The Theology of the Book of Amos** (New York and Cambridge: Cambridge University Press, 2012)

- **Ethics in Ancient Israel** (Oxford: Oxford University Press, 2014)

- **A History of the Bible: The Book and Its Faiths** (London: Penguin Books, 2020) 『성경의 역사』(비아토르 근간)

성서의 형성
– 성서는 어떻게 성서가 되었는가?

초판 1쇄 | 2021년 8월 30일
　　2쇄 | 2022년 4월 30일

지은이 | 존 바턴
옮긴이 | 강성윤

발행처 | 비아
발행인 | 이길호
편집인 | 김경문
편　집 | 민경찬
검　토 | 손승우 · 정다운 · 황윤하
제　작 | 김진식 · 김진현 · 이난영
재　무 | 이남구 · 김규리
마케팅 | 유병준 · 김미성
디자인 | 손승우

출판등록 | 2020년 7월 14일 제2020-000187호
주　소 | 서울시 강남구 봉은사로 442 75th Avenue 빌딩 7층
주문전화 | 010-3532-8060
이메일 | innuender@gmail.com

ISBN | 979-11-91239-41-6 (03230)
한국어판 저작권 ⓒ 2021 타임교육C&P